기본 연산
Check-Book

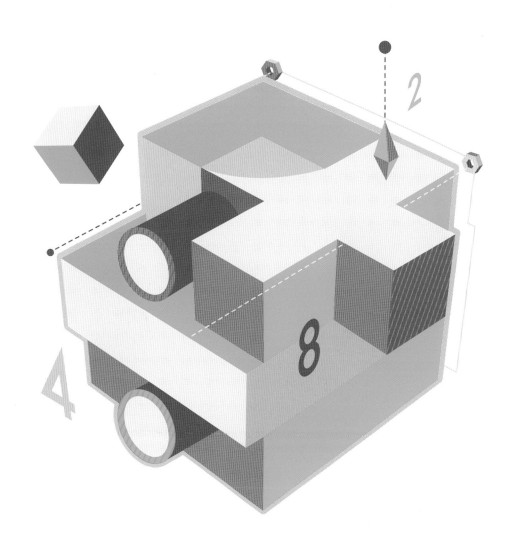

초등3

세·네 자리 수의 덧셈과 뺄셈

1주 세·네 자리 수의 덧셈 (1)

❶
몇백으로 어림

712+116

800   900

❷
몇백으로 어림

102+699

700   800

❸

182+298

400   500

❹

228+485

600   700

❺

393+607

1000   1100

❻

292+312

500   600

❼

125+198

200   300

❽

516+396

900   1000

❾

181+299

400   500

❿

221+592

800   900

⓫

684+108

700   800

⓬

398+109

400   500

⑬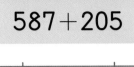
몇백 몇십으로 어림

587+205

——┼————┼——
  750   800

⑭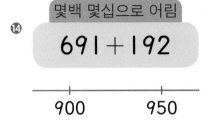
몇백 몇십으로 어림

691+192

——┼————┼——
  900   950

⑮ 208+563

——┼————┼——
  700   750

⑯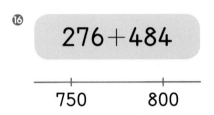
276+484

——┼————┼——
  750   800

⑰ 714+238

——┼————┼——
  950   1000

⑱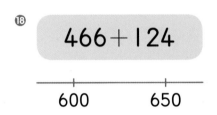
466+124

——┼————┼——
  600   650

⑲ 130+785

——┼————┼——
  900   950

⑳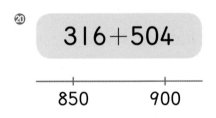
316+504

——┼————┼——
  850   900

㉑ 254+147

——┼————┼——
  400   450

㉒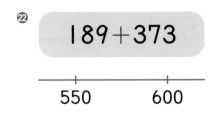
189+373

——┼————┼——
  550   600

㉓ 692+143

——┼————┼——
  800   850

㉔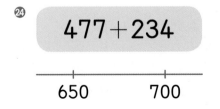
477+234

——┼————┼——
  650   700

자르는 선

❶
```
   3 4 1
 + 2 3 9
```

❷
```
   2 6 9
 + 7 2 9
```

❸
```
   6 1 4
 + 1 7 3
```

❹
```
   5 9 5
 + 8 2 6
```

❺
```
   3 1 8
 + 4 9 1
```

❻
```
   4 0 7
 + 9 8 4
```

❼
```
   7 5 2
 + 3 4 5
```

❽
```
   1 0 5
 + 5 7 6
```

❾
```
   2 5 3
 + 1 2 9
```

❿
```
   6 7 4
 + 1 4 7
```

⓫
```
   5 1 7
 + 5 8 3
```

⓬
```
   7 3 1
 + 1 8 5
```

⓭
```
   6 5 6
 + 1 6 2
```

⓮
```
   7 1 2
 + 5 8 9
```

⓯
```
   5 1 9
 + 3 3 2
```

⓰
```
   6 3 3
 + 1 7 4
```

⓱
```
   7 8 4
 + 8 9 2
```

⓲
```
   2 9 3
 + 1 2 0
```

⓳
```
   4 3 6
 + 5 2 5
```

⓴
```
   5 8 2
 + 9 3 4
```

㉑
```
   1 3 7
 + 6 8 2
```

㉒
```
   4 2 1
 + 3 8 9
```

㉓
```
   2 8 4
 + 5 5 3
```

㉔
```
   5 5 9
 + 2 2 5
```

㉕
```
   3 2 3
 + 5 9 4
```

㉖
```
   1 0 8
 + 4 9 5
```

㉗
```
   6 1 4
 + 2 9 7
```

㉘
```
   2 5 2
 + 3 1 4
```

㉙
```
   5 2 3
 + 1 6 8
```

㉚
```
   6 7 8
 + 3 8 1
```

㉛
```
   1 2 8
 + 7 3 4
```

㉜
```
   2 4 4
 + 6 8 7
```

㉝
```
   4 5 3
 + 4 3 7
```

㉞
```
   1 1 7
 + 8 9 2
```

㉟
```
   2 1 3
 + 6 9 8
```

㊱
```
   6 4 7
 + 1 6 0
```

㊲
```
   5 7 2
 + 2 4 9
```

㊳
```
   4 4 6
 + 3 1 0
```

㊴
```
   9 2 1
 + 1 3 7
```

㊵
```
   8 0 3
 + 7 8 3
```

❶ 몇백으로 어림

658 − 152

⊙500   600

❷ 몇백으로 어림

639 − 231

400   500

❸

776 − 457

200   300

❹

934 − 712

100   200

❺

1409 − 891

500   600

❻

813 − 387

300   400

❼

533 − 231

200   300

❽

894 − 177

600   700

❾

915 − 189

600   700

❿

758 − 563

100   200

⓫

823 − 503

200   300

⓬

1699 − 717

900   1000

자르는 선

몇백 몇십으로 어림

⑬
567－116

┼─────────┼─────
450　　　　500

몇백 몇십으로 어림

⑭
896－349

┼─────────┼─────
500　　　　550

⑮
978－282

┼─────────┼─────
700　　　　750

⑯
476－125

┼─────────┼─────
300　　　　350

⑰
518－224

┼─────────┼─────
250　　　　300

⑱
957－351

┼─────────┼─────
600　　　　650

⑲
703－146

┼─────────┼─────
550　　　　600

⑳
1221－406

┼─────────┼─────
750　　　　800

㉑
741－286

┼─────────┼─────
400　　　　450

㉒
511－112

┼─────────┼─────
400　　　　450

㉓
857－163

┼─────────┼─────
700　　　　750

㉔
558－136

┼─────────┼─────
350　　　　400

자르는 선

①
$$\begin{array}{r} 747 \\ -369 \\ \hline \end{array}$$

②
$$\begin{array}{r} 1293 \\ -594 \\ \hline \end{array}$$

③
$$\begin{array}{r} 364 \\ -172 \\ \hline \end{array}$$

④
$$\begin{array}{r} 785 \\ -493 \\ \hline \end{array}$$

⑤
$$\begin{array}{r} 377 \\ -139 \\ \hline \end{array}$$

⑥
$$\begin{array}{r} 991 \\ -795 \\ \hline \end{array}$$

⑦
$$\begin{array}{r} 284 \\ -157 \\ \hline \end{array}$$

⑧
$$\begin{array}{r} 725 \\ -367 \\ \hline \end{array}$$

⑨
$$\begin{array}{r} 819 \\ -537 \\ \hline \end{array}$$

⑩
$$\begin{array}{r} 1196 \\ -797 \\ \hline \end{array}$$

⑪
$$\begin{array}{r} 926 \\ -653 \\ \hline \end{array}$$

⑫
$$\begin{array}{r} 822 \\ -415 \\ \hline \end{array}$$

⑬
$$\begin{array}{r} 987 \\ -629 \\ \hline \end{array}$$

⑭
$$\begin{array}{r} 1334 \\ -845 \\ \hline \end{array}$$

⑮
$$\begin{array}{r} 718 \\ -259 \\ \hline \end{array}$$

⑯
$$\begin{array}{r} 403 \\ -299 \\ \hline \end{array}$$

⑰
$$\begin{array}{r} 667 \\ -489 \\ \hline \end{array}$$

⑱
$$\begin{array}{r} 981 \\ -782 \\ \hline \end{array}$$

⑲
$$\begin{array}{r} 592 \\ -118 \\ \hline \end{array}$$

⑳
$$\begin{array}{r} 1625 \\ -947 \\ \hline \end{array}$$

㉑
```
  4 9 2
- 1 9 7
```

㉒
```
  3 8 9
- 1 9 4
```

㉓
```
  8 0 2
- 4 6 5
```

㉔
```
  5 8 1
- 2 9 3
```

㉕
```
  7 8 6
- 5 2 8
```

㉖
```
  7 1 3
- 5 8 2
```

㉗
```
  5 5 5
- 2 3 6
```

㉘
```
1 4 7 5
- 8 8 7
```

㉙
```
1 1 6 1
- 6 7 3
```

㉚
```
  8 5 6
- 6 7 3
```

㉛
```
  4 8 7
- 2 2 9
```

㉜
```
  6 9 7
- 4 9 8
```

㉝
```
1 3 3 6
- 7 5 8
```

㉞
```
  5 6 2
- 1 3 6
```

㉟
```
  9 3 4
- 5 5 2
```

㊱
```
  5 3 4
- 1 2 4
```

㊲
```
  6 3 4
- 2 6 8
```

㊳
```
  7 1 8
- 5 2 5
```

㊴
```
1 0 2 1
- 3 4 8
```

㊵
```
  8 7 6
- 2 0 7
```

자르는 선

5주 세·네 자리 수의 덧셈과 뺄셈 (1)

❶ $\boxed{} + 193 = 1049 \longleftrightarrow 1049 - \boxed{} = 193$

❷ $\boxed{} + 214 = 661 \longleftrightarrow 661 - \boxed{} = 214$

❸ $\boxed{} + 416 = 761 \longleftrightarrow 761 - \boxed{} = 416$

❹ $\boxed{} + 328 = 1085 \longleftrightarrow 1085 - \boxed{} = 328$

❺ $\boxed{} + 624 = 930 \longleftrightarrow 930 - \boxed{} = 624$

❻ $\boxed{} + 236 = 662 \longleftrightarrow 662 - \boxed{} = 236$

❼ $\boxed{} + 383 = 1191 \longleftrightarrow 1191 - \boxed{} = 383$

❽ $\boxed{} + 178 = 759 \longleftrightarrow 759 - \boxed{} = 178$

❾ $\boxed{} + 358 = 735 \longleftrightarrow 735 - \boxed{} = 358$

⑩ ☐ +437=644   ⟷   644− ☐ =437

⑪ ☐ +262=851   ⟷   851− ☐ =262

⑫ ☐ +814=1132   ⟷   1132− ☐ =814

⑬ ☐ +239=766   ⟷   766− ☐ =239

⑭ ☐ +201=583   ⟷   583− ☐ =201

⑮ ☐ +192=691   ⟷   691− ☐ =192

⑯ ☐ +658=1415   ⟷   1415− ☐ =658

⑰ ☐ +336=1016   ⟷   1016− ☐ =336

⑱ ☐ +234=813   ⟷   813− ☐ =234

자르는 선

❶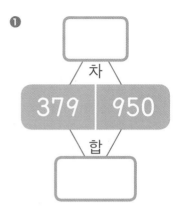

❷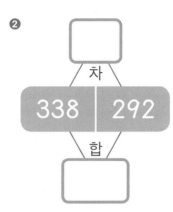

❸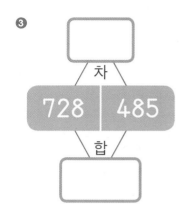

❹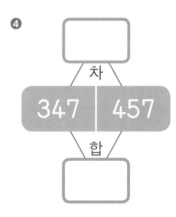

❺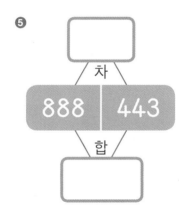

❻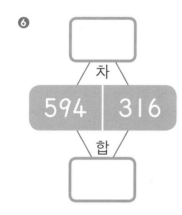

❼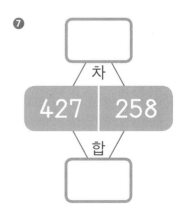

❽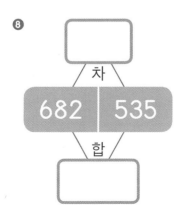

❾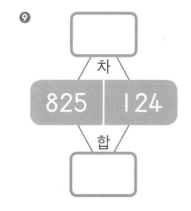

⑩

⑪

⑫

⑬

⑭
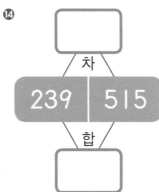

⑮
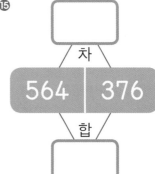

⑯

⑰

⑱

자르는 선

문해결 연산

❶

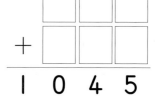

$$
\begin{array}{r}
\square\ \square\ \square \\
+\ \square\ \square\ \square \\
\hline
4\ 2\ 4
\end{array}
\qquad
\begin{array}{r}
\square\ \square\ \square \\
+\ \square\ \square\ \square \\
\hline
1\ 0\ 4\ 5
\end{array}
$$

❷

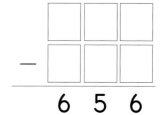

$$
\begin{array}{r}
\square\ \square\ \square \\
-\ \square\ \square\ \square \\
\hline
1\ 0\ 5
\end{array}
\qquad
\begin{array}{r}
\square\ \square\ \square \\
-\ \square\ \square\ \square \\
\hline
6\ 5\ 6
\end{array}
$$

❸

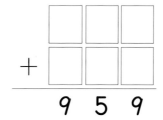
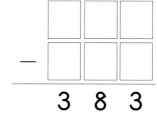

$$
\begin{array}{r}
\square\ \square\ \square \\
+\ \square\ \square\ \square \\
\hline
9\ 5\ 9
\end{array}
\qquad
\begin{array}{r}
\square\ \square\ \square \\
-\ \square\ \square\ \square \\
\hline
3\ 8\ 3
\end{array}
$$

❹

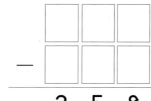
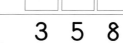
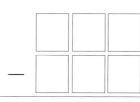

$$
\begin{array}{r}
\square\ \square\ \square \\
-\ \square\ \square\ \square \\
\hline
3\ 5\ 8
\end{array}
\qquad
\begin{array}{r}
\square\ \square\ \square \\
-\ \square\ \square\ \square \\
\hline
4\ 0\ 7
\end{array}
$$

❺

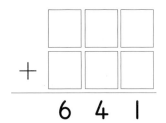

❻

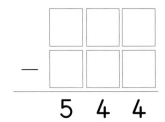   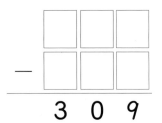

❼

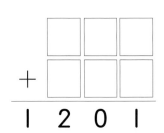   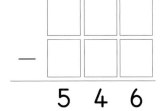

❽

   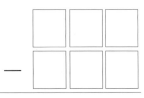

자르는 선

❶ 253에 어떤 수를 더하였더니 838이 되었습니다. 어떤 수는 얼마입니까?

식 : _____ 어떤 수 : _____

❷ 어떤 수에서 147을 뺐더니 670이 되었습니다. 어떤 수는 얼마입니까?

식 : _____ 어떤 수 : _____

❸ 어떤 수에 428을 더하였더니 544가 되었습니다. 어떤 수는 얼마입니까?

식 : _____ 어떤 수 : _____

❹ 217과 어떤 수의 합은 773입니다. 어떤 수는 얼마입니까?

식 : _____ 어떤 수 : _____

❺ 376에서 어떤 수를 뺐더니 136이었습니다. 어떤 수는 얼마입니까?

식 : _____ 어떤 수 : _____

❻ 384와 어떤 수의 차는 503입니다. 어떤 수는 얼마입니까?

식 : _____ 어떤 수 : _____

❼ 어떤 수에서 302를 뺐더니 796이었습니다. 어떤 수는 얼마입니까?

식 : _____ 어떤 수 : _____

❽ 994에서 어떤 수를 뺐었더니 116이 되었습니다. 어떤 수는 얼마입니까?

식 : _____   어떤 수 : _____

❾ 어떤 수와 172의 합은 633입니다. 어떤 수는 얼마입니까?

식 : _____   어떤 수 : _____

❿ 어떤 수에 526을 더하였더니 819가 되었습니다. 어떤 수는 얼마입니까?

식 : _____   어떤 수 : _____

⓫ 265와 어떤 수의 합은 511입니다. 어떤 수는 얼마입니까?

식 : _____   어떤 수 : _____

⓬ 어떤 수에서 477을 뺐었더니 546이 되었습니다. 어떤 수는 얼마입니까?

식 : _____   어떤 수 : _____

⓭ 209에 어떤 수를 더하였더니 622가 되었습니다. 어떤 수는 얼마입니까?

식 : _____   어떤 수 : _____

⓮ 765에서 어떤 수를 뺐었더니 349가 되었습니다. 어떤 수는 얼마입니까?

식 : _____   어떤 수 : _____

정 답

1주 세·네 자리 수의 덧셈 (1)

❶ 800 ❷ 800 ❸ 500 ❹ 700 ❺ 1000 ❻ 600 ❼ 300 ❽ 900 ❾ 500
❿ 800 ⓫ 800 ⓬ 500 ⓭ 800 ⓮ 900 ⓯ 750 ⓰ 750 ⓱ 950 ⓲ 600
⓳ 900 ⓴ 850 ㉑ 400 ㉒ 550 ㉓ 850 ㉔ 700

2주 세·네 자리 수의 덧셈 (2)

❶ 580 ❷ 998 ❸ 787 ❹ 1421 ❺ 809 ❻ 1391 ❼ 1097 ❽ 681 ❾ 382 ❿ 821 ⓫ 1100 ⓬ 916
⓭ 818 ⓮ 1301 ⓯ 851 ⓰ 807 ⓱ 1676 ⓲ 413 ⓳ 961 ⓴ 1516 ㉑ 819 ㉒ 810 ㉓ 837 ㉔ 784
㉕ 917 ㉖ 603 ㉗ 911 ㉘ 566 ㉙ 691 ㉚ 1059 ㉛ 862 ㉜ 931 ㉝ 890 ㉞ 1009 ㉟ 911 ㊱ 807
㊲ 821 ㊳ 756 ㊴ 1058 ㊵ 1586

3주 세·네 자리 수의 뺄셈 (1)

❶ 500 ❷ 400 ❸ 300 ❹ 200 ❺ 500 ❻ 400 ❼ 300 ❽ 700 ❾ 700
❿ 200 ⓫ 300 ⓬ 1000 ⓭ 450 ⓮ 550 ⓯ 700 ⓰ 350 ⓱ 300 ⓲ 600
⓳ 550 ⓴ 800 ㉑ 450 ㉒ 400 ㉓ 700 ㉔ 400

4주 세·네 자리 수의 뺄셈 (2)

❶ 378 ❷ 699 ❸ 192 ❹ 292 ❺ 238 ❻ 196 ❼ 127 ❽ 358 ❾ 282 ❿ 399 ⓫ 273 ⓬ 407
⓭ 358 ⓮ 489 ⓯ 459 ⓰ 104 ⓱ 178 ⓲ 199 ⓳ 474 ⓴ 678 ㉑ 295 ㉒ 195 ㉓ 337 ㉔ 288
㉕ 258 ㉖ 131 ㉗ 319 ㉘ 588 ㉙ 488 ㉚ 183 ㉛ 258 ㉜ 199 ㉝ 578 ㉞ 426 ㉟ 382 ㊱ 410
㊲ 366 ㊳ 193 ㊴ 673 ㊵ 669

5주 세·네 자리 수의 덧셈과 뺄셈 (1)

❶ 856, 856 ❷ 447, 447 ❸ 345, 345 ❹ 757, 757 ❺ 306, 306 ❻ 426, 426
❼ 808, 808 ❽ 581, 581 ❾ 377, 377 ❿ 207, 207 ⓫ 589, 589 ⓬ 318, 318
⓭ 527, 527 ⓮ 382, 382 ⓯ 499, 499 ⓰ 757, 757 ⓱ 680, 680 ⓲ 579, 579

6주 세·네 자리 수의 덧셈과 뺄셈 (2)

❶ 571, 1329 ❷ 46, 630 ❸ 243, 1213 ❹ 110, 804 ❺ 445, 1331 ❻ 278, 910
❼ 169, 685 ❽ 147, 1217 ❾ 701, 949 ❿ 240, 666 ⓫ 39, 755 ⓬ 94, 724
⓭ 247, 1001 ⓮ 276, 754 ⓯ 188, 940 ⓰ 627, 1059 ⓱ 417, 847 ⓲ 138, 1054

7주 문해결 연산 (예시답안입니다. 계산 결과가 맞으면 정답입니다.)

❶ 246, 178, 417, 628 ❷ 723, 618, 832, 176 ❸ 362, 597, 752, 369 ❹ 716, 358, 583, 176
❺ 375, 428, 357, 284 ❻ 813, 269, 628, 319 ❼ 512, 689, 815, 269 ❽ 542, 178, 721, 458

8주 식으로 표현하기

❶ $253+\square=838, 585$
❷ $\square-147=670, 817$
❸ $\square+428=544, 116$
❹ $217+\square=773, 556$
❺ $376-\square=136, 240$
❻ $\square-384=503, 887$
❼ $\square-302=796, 1098$
❽ $994-\square=116, 878$
❾ $\square+172=633, 461$
❿ $\square+526=819, 293$
⓫ $265+\square=511, 246$
⓬ $\square-477=546, 1023$
⓭ $209+\square=622, 413$
⓮ $765-\square=349, 416$

사고셈

초등3 1호

이 책의 구성과 특징

생각의 힘을 키우는 사고(思考)셈은 1주 4개, 8주 32개의 사고력 유형 학습을 통해 수와 연산에 대한 개념의 응용력(추론 및 문제해결능력)을 키울 수 있도록 하였습니다.

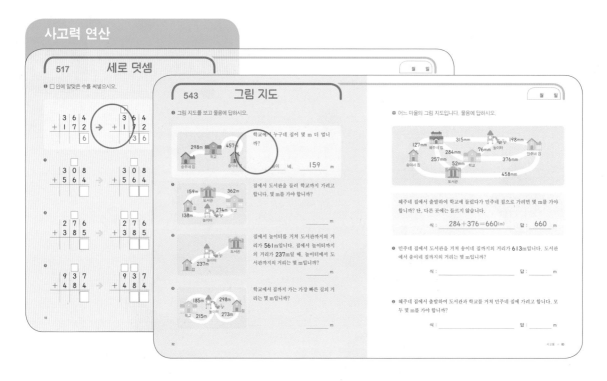

🔸 대표 사고력 유형으로 연산 원리를 쉽게쉽게

🔸 1~4일차: 다양한 유형의 주 진도 학습

🔸 5일차 점검 학습: 주 진도 학습 확인

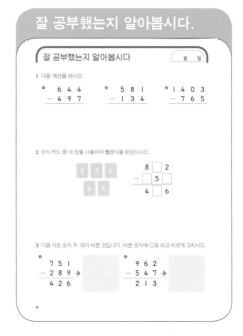

권두부록 (기본연산 Check-Book)

기본연산 Check-Book

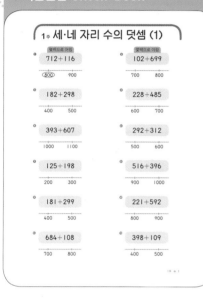

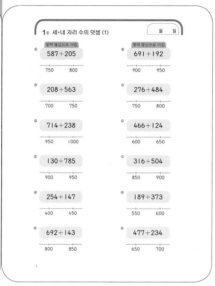

❖ 본 학습 전 기본연산 실력 진단

권말부록 (G-Book)

Guide Book(정답 및 해설)

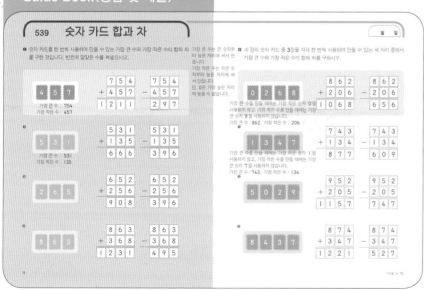

❖ 문제와 답을 한 눈에!

❖ 상세한 풀이와 친절한 해설, 답

학습 효과 및 활용법

········ ▲ 학습 효과

수학적 사고력 향상

생각의 다양성 향상

스스로 생각을 만드는 직관 학습

추론능력, 문제해결력 향상

연산의 원리 이해

수·연산 영역 완벽 대비

다양한 유형으로 수 조작력 향상

진도 학습 및 점검 학습으로
연산 학습 완성

사고셈

········ ▲ 주차별 활용법

1단계
기본연산
Check-Book으로
준비 학습

2단계
사고력 유형으로
진도 학습

3단계
마무리 문제로
점검 학습

1단계 : 기본연산 Check-Book으로 사고력 연산을 위한 준비 학습을 합니다.
2단계 : 사고력 유형으로 사고력 연산의 진도 학습을 합니다.
3단계 : 한 주마다 점검 학습(잘 공부했는지 알아봅시다)으로 사고력 향상을 확인합니다.

학습 구성

이 책의 **학습 로드맵**

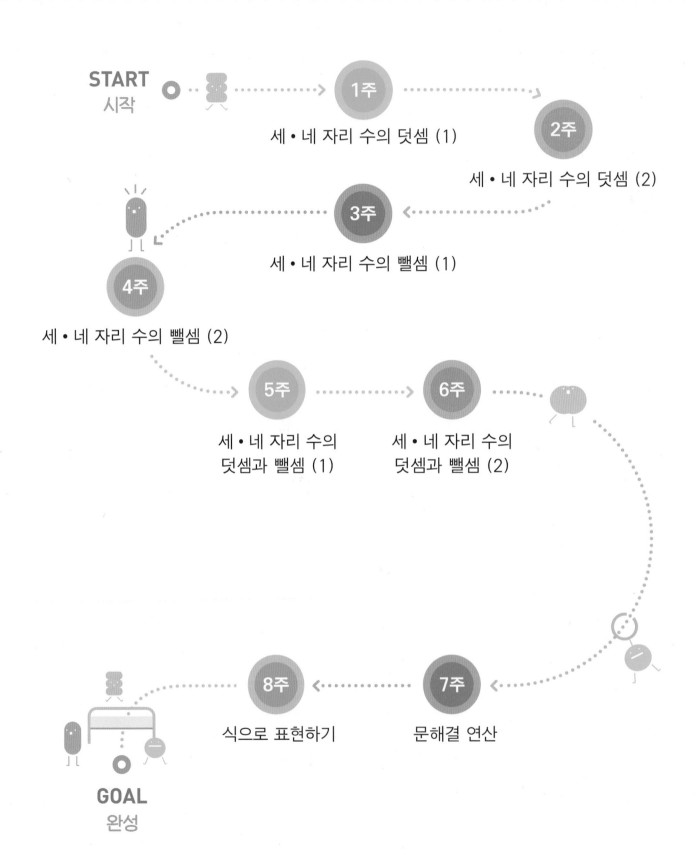

START
시작

1주
세·네 자리 수의 덧셈 (1)

2주
세·네 자리 수의 덧셈 (2)

3주
세·네 자리 수의 뺄셈 (1)

4주
세·네 자리 수의 뺄셈 (2)

5주
세·네 자리 수의 덧셈과 뺄셈 (1)

6주
세·네 자리 수의 덧셈과 뺄셈 (2)

7주
문해결 연산

8주
식으로 표현하기

GOAL
완성

1

세·네 자리 수의 덧셈 (1)

풍선 터뜨리기

❶ 두 수의 합을 어림하여 점수의 범위에 맞게 풍선 두 개를 터뜨리시오.

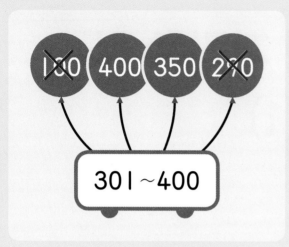

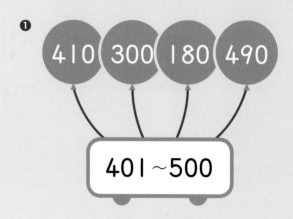

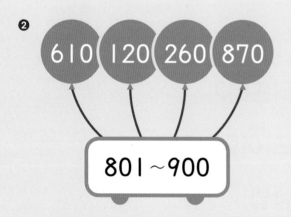

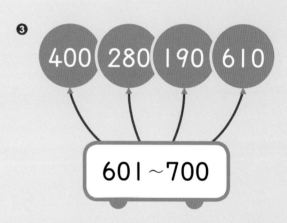

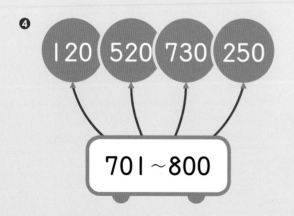

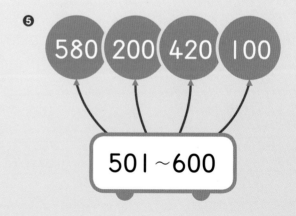

두 수의 합을 어림하여 점수의 범위에 맞게 풍선 두 개를 터뜨리시오.

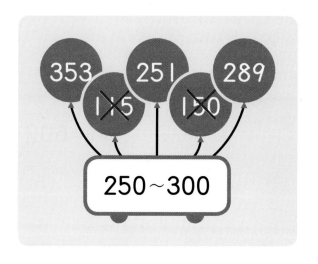

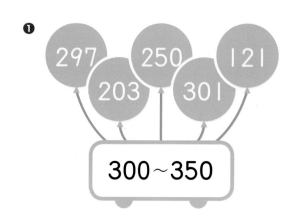

❶

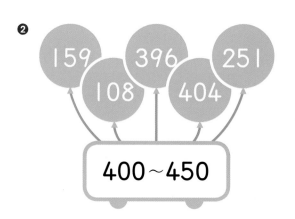

❷

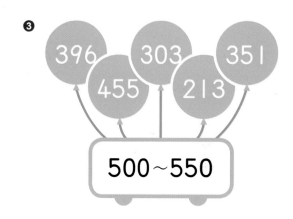

❸

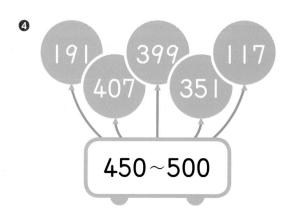

❹

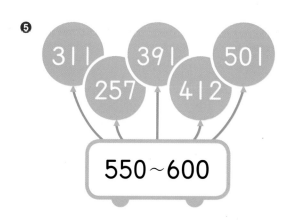

❺

수 카드 어림하기

● 수 카드 중 두 장을 사용하여 식을 완성하시오. 수를 어림하여 완성합니다.

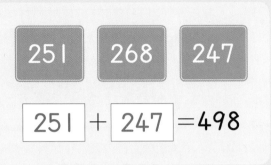

| 251 | 268 | 247 |

251 + 247 = 498

①

| 192 | 410 | 390 |

☐ + ☐ = 602

②

| 357 | 424 | 277 |

☐ + ☐ = 701

③

| 285 | 312 | 392 |

☐ + ☐ = 597

④

| 137 | 218 | 168 |

☐ + ☐ = 305

⑤

| 197 | 237 | 206 |

☐ + ☐ = 403

⑥

| 486 | 563 | 336 |

☐ + ☐ = 899

⑦

| 372 | 448 | 398 |

☐ + ☐ = 820

♦ 수 카드 중 세 장을 사용하여 식을 완성하시오.

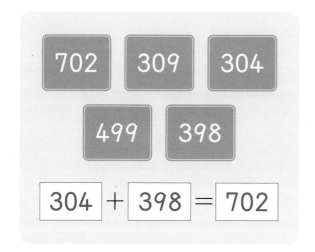

| 702 | 309 | 304 |
| 499 | 398 |

$$304 + 398 = 702$$

①
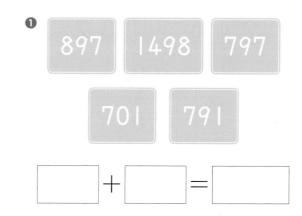

897 1498 797
701 791

☐ + ☐ = ☐

②
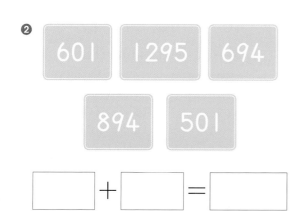

601 1295 694
894 501

☐ + ☐ = ☐

③
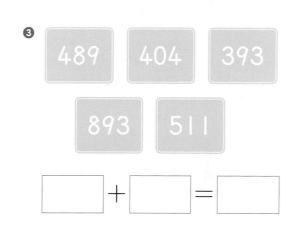

489 404 393
893 511

☐ + ☐ = ☐

④
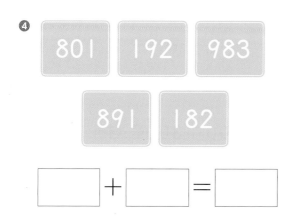

801 192 983
891 182

☐ + ☐ = ☐

⑤
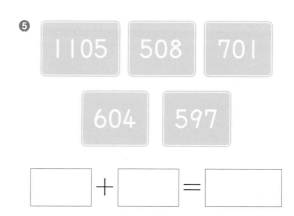

1105 508 701
604 597

☐ + ☐ = ☐

덧셈 방법

● 여러 가지 방법의 덧셈 설명을 보고 □ 안에 알맞은 수를 써넣으시오.

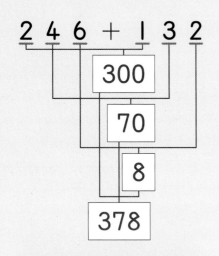

200과 100, 40과 30, 6과 2를 더한 다음, 그 결과를 모두 더합니다.

❶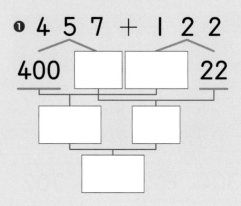

400과 100, 57과 22를 더한 다음, 그 결과를 더합니다.

❷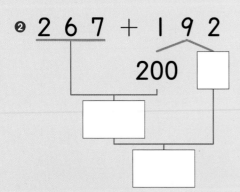

267에 200을 더한 다음, 그 결과에서 8을 뺍니다.

❸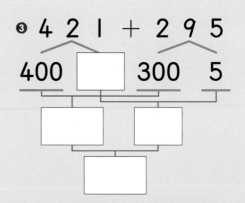

400과 300을 더하고 21에서 5를 뺀 다음, 그 결과를 더합니다.

✚ 여러 가지 방법으로 덧셈을 한 것입니다. □ 안에 알맞은 수를 써넣으시오.

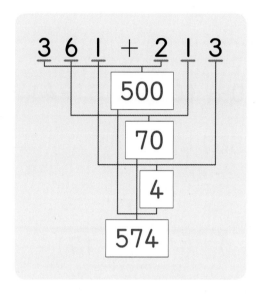

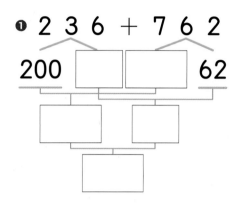

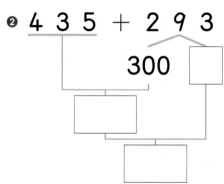

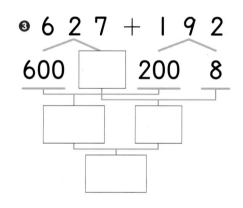

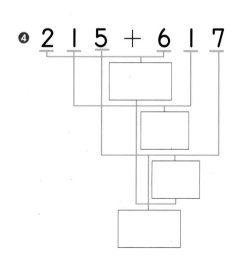

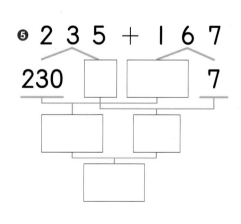

가로 덧셈

● 여러 가지 방법으로 덧셈을 한 것입니다. □ 안에 알맞은 수를 써넣으시오.

100과 400, 50과 10, 3과 4를 더한 다음, 그 결과를 모두 더합니다.

$153+414$

$=(100+\boxed{400})+(50+\boxed{10})+(\boxed{3}+4)$

$=\boxed{500}+60+\boxed{7}=\boxed{567}$

① 500과 200, 46과 17을 더한 다음, 그 결과를 더합니다.

$546+217$

$=(500+\boxed{})+(\boxed{}+17)$

$=(500+\boxed{})+(46+17)$

$=700+\boxed{}=\boxed{}$

② 370과 210, 6과 7을 더한 다음, 그 결과를 더합니다.

$376+217$

$=(370+\boxed{})+(\boxed{}+7)$

$=(370+\boxed{})+(6+\boxed{})$

$=\boxed{}+\boxed{}=\boxed{}$

③ 600과 200을 더하고 36에서 2를 뺀 다음, 그 결과를 더합니다.

$636+198$

$=(600+\boxed{})+(200-\boxed{})$

$=(600+\boxed{})+(36-\boxed{})$

$=\boxed{}+\boxed{}=\boxed{}$

❖ 여러 가지 방법으로 덧셈을 한 것입니다. □ 안에 알맞은 수를 써넣으시오.

$$247 + 725 = (200 + \boxed{700}) + (40 + \boxed{20}) + (\boxed{7} + 5)$$
$$= \boxed{900} + 60 + \boxed{12} = \boxed{972}$$

❶ $629 + 245 = (600 + \boxed{}) + (200 + \boxed{})$

$\qquad\qquad = (600 + 200) + (\boxed{} + \boxed{})$

$\qquad\qquad = \boxed{} + \boxed{} = \boxed{}$

❷ $414 + 269 = (410 + \boxed{}) + (\boxed{} + 9)$

$\qquad\qquad = (410 + \boxed{}) + (4 + \boxed{})$

$\qquad\qquad = \boxed{} + \boxed{} = \boxed{}$

❸ $512 + 295 = (500 + \boxed{}) + (300 - \boxed{})$

$\qquad\qquad = (500 + \boxed{}) + (12 - \boxed{})$

$\qquad\qquad = \boxed{} + \boxed{} = \boxed{}$

1 두 수의 합을 어림하여 더 가까운 수에 ○표 하시오.

❶

285+273	500
	550

❷

578+335	900
	950

2 두 수의 합을 어림하여 계산 결과가 작은 것부터 차례로 기호를 쓰시오.

㉠ 624+196   ㉡ 385+303
㉢ 434+112   ㉣ 252+358

3 여러 가지 덧셈 방법으로 계산한 것입니다. □ 안에 알맞은 수를 써넣으시오.

❶ 529 + 285

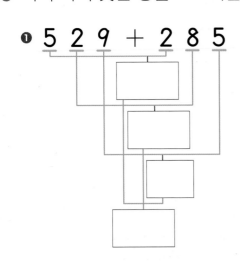

❷ 468 + 384

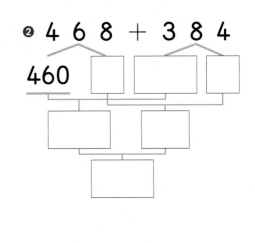

460

2 세 • 네 자리 수의 덧셈 (2)

세로 덧셈

● □ 안에 알맞은 수를 써넣으시오.

$$
\begin{array}{r}
3\ 6\ 4 \\
+\ 1\ 7\ 2 \\
\hline
\boxed{6}
\end{array}
\rightarrow
\begin{array}{r}
\boxed{1} \\
3\ 6\ 4 \\
+\ 1\ 7\ 2 \\
\hline
\boxed{3}\ \boxed{6}
\end{array}
\rightarrow
\begin{array}{r}
\boxed{1} \\
3\ 6\ 4 \\
+\ 1\ 7\ 2 \\
\hline
\boxed{5}\ \boxed{3}\ \boxed{6}
\end{array}
$$

❶

$$
\begin{array}{r}
\boxed{} \\
3\ 0\ 8 \\
+\ 5\ 6\ 4 \\
\hline
\boxed{}
\end{array}
\rightarrow
\begin{array}{r}
\boxed{} \\
3\ 0\ 8 \\
+\ 5\ 6\ 4 \\
\hline
\boxed{}\ \boxed{}
\end{array}
\rightarrow
\begin{array}{r}
\boxed{} \\
3\ 0\ 8 \\
+\ 5\ 6\ 4 \\
\hline
\boxed{}\ \boxed{}\ \boxed{}
\end{array}
$$

❷

$$
\begin{array}{r}
\boxed{} \\
2\ 7\ 6 \\
+\ 3\ 8\ 5 \\
\hline
\boxed{}
\end{array}
\rightarrow
\begin{array}{r}
\boxed{}\ \boxed{} \\
2\ 7\ 6 \\
+\ 3\ 8\ 5 \\
\hline
\boxed{}\ \boxed{}
\end{array}
\rightarrow
\begin{array}{r}
\boxed{}\ \boxed{} \\
2\ 7\ 6 \\
+\ 3\ 8\ 5 \\
\hline
\boxed{}\ \boxed{}\ \boxed{}
\end{array}
$$

❸

$$
\begin{array}{r}
\boxed{} \\
9\ 3\ 7 \\
+\ 4\ 8\ 4 \\
\hline
\boxed{}
\end{array}
\rightarrow
\begin{array}{r}
\boxed{}\ \boxed{} \\
9\ 3\ 7 \\
+\ 4\ 8\ 4 \\
\hline
\boxed{}\ \boxed{}
\end{array}
\rightarrow
\begin{array}{r}
\boxed{}\ \boxed{} \\
9\ 3\ 7 \\
+\ 4\ 8\ 4 \\
\hline
\boxed{}\ \boxed{}\ \boxed{}\ \boxed{}
\end{array}
$$

✣ 세로셈으로 고쳐 계산하시오.

$$276+142=\boxed{418}$$

$$
\begin{array}{ccc}
& 2 & 7 & 6 \\
+ & 1 & 4 & 2 \\
\hline
& 4 & 1 & 8 \\
\end{array}
$$

❶ $258+361=\boxed{}$

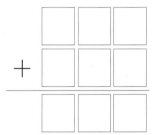

❷ $436+392=\boxed{}$

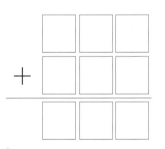

❸ $547+134=\boxed{}$

❹ $173+418=\boxed{}$

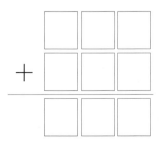

❺ $675+849=\boxed{}$

고치기

● 잘못 계산된 부분을 찾아 바르게 고치시오.

```
      2 7 6
  +   3 4 8
  ─────────
    5̶ ̶X̶ 4
      6 2
```

❶
```
      7 4 6
  +   1 9 5
  ─────────
      8 3 1
```

❷
```
      3 4 7
  +   2 8 2
  ─────────
      5 2 9
```

❸
```
      5 7 6
  +   2 5 5
  ─────────
      7 2 1
```

❹
```
      9 6 4
  +   4 7 8
  ─────────
    1 3 3 2
```

❺
```
      4 3 8
  +   2 4 5
  ─────────
      6 7 3
```

❻
```
      8 3 9
  +   4 8 4
  ─────────
    1 2 1 3
```

❼
```
      6 1 7
  +   3 8 8
  ─────────
      9 9 5
```

❽
```
      1 6 6
  +   7 5 3
  ─────────
      8 1 9
```

❾
```
      7 6 1
  +   5 9 6
  ─────────
    1 2 5 7
```

❿
```
      2 7 4
  +   8 0 7
  ─────────
    1 0 7 1
```

⓫
```
      3 2 8
  +   9 9 3
  ─────────
    1 2 1 1
```

✚ 틀린 답을 찾아 바르게 고치시오.

```
  3 7 6        4 6 5        2 3 7        4 2 9
+ 2 5 3      + 1 2 9      + 3 9 8      + 7 8 7
─────────    ─────────    ─────────    ─────────
  6 2 9        5̶ 8̶ 4̶        6 3 5      1 2 1 6
                 5 9 4
```

❶
```
  1 2 8        7 2 3        4 2 7        3 6 4
+ 2 6 7      + 1 9 2      + 7 9 4      + 4 5 3
─────────    ─────────    ─────────    ─────────
  3 9 5        9 1 5      1 2 1 1        8 1 7
```

❷
```
  2 9 1        3 2 2        6 2 5        5 3 7
+ 6 3 9      + 4 8 7      + 2 6 9      + 7 8 5
─────────    ─────────    ─────────    ─────────
  9 3 0        7 0 9        8 9 4      1 3 2 2
```

❸
```
  9 3 5        7 7 3        6 3 4        1 4 2
+ 4 8 8      + 2 1 8      + 1 9 7      + 7 8 1
─────────    ─────────    ─────────    ─────────
1 4 2 3        9 9 1        8 2 1        9 2 3
```

체인지셈

● 색칠된 두 숫자를 바꾸어 계산하시오.

```
   2 1 5            2 7 5
 + 3 6 7     →    + 3 6 1
 ─────────        ─────────
   5 8 2            6 3 6
```

❶
```
   3 2 9
 + 7 4 9     →
 ─────────
 1 0 7 8
```

❷
```
   7 8 2
 + 1 6 3     →
 ─────────
   9 4 5
```

❸
```
   2 7 5
 + 5 1 6     →
 ─────────
   7 9 1
```

❹
```
   6 6 7
 + 3 1 5     →
 ─────────
   9 8 2
```

❺
```
   9 2 7
 + 1 3 8     →
 ─────────
 1 0 6 5
```

❻
```
   4 6 7
 + 3 9 1     →
 ─────────
   8 5 8
```

❼
```
   4 9 3
 + 2 5 6     →
 ─────────
   7 4 9
```

다음 식은 숫자 두 개가 바뀐 것입니다. 바뀐 숫자에 ○표 하고 바르게 고치시오.

$$
\begin{array}{r}
1\,⑦\,5 \\
+\ 2\,4\,③ \\
\hline
3\,8\,2
\end{array}
\quad\rightarrow\quad
\begin{array}{r}
1\,3\,5 \\
+\ 2\,4\,7 \\
\hline
3\,8\,2
\end{array}
$$

❶
$$
\begin{array}{r}
8\,4\,3 \\
+\ 1\,8\,6 \\
\hline
9\,8\,4
\end{array}
\quad\rightarrow
$$

❷
$$
\begin{array}{r}
8\,9\,3 \\
+\ 5\,4\,2 \\
\hline
8\,4\,1
\end{array}
\quad\rightarrow
$$

❸
$$
\begin{array}{r}
3\,4\,7 \\
+\ 2\,9\,1 \\
\hline
8\,1\,8
\end{array}
\quad\rightarrow
$$

❹
$$
\begin{array}{r}
9\,5\,3 \\
+\ 4\,1\,7 \\
\hline
6\,5\,0
\end{array}
\quad\rightarrow
$$

❺
$$
\begin{array}{r}
3\,5\,9 \\
+\ 2\,4\,0 \\
\hline
5\,5\,4
\end{array}
\quad\rightarrow
$$

❻
$$
\begin{array}{r}
4\,6\,2 \\
+\ 5\,8\,3 \\
\hline
7\,4\,8
\end{array}
\quad\rightarrow
$$

❼
$$
\begin{array}{r}
2\,3\,7 \\
+\ 1\,4\,8 \\
\hline
4\,1\,2
\end{array}
\quad\rightarrow
$$

520 숫자 카드 벌레셈

● 다음 빈칸에 알맞은 수를 써넣으시오.

```
   2 [7] 4
+ [1] 7 6
---------
   4  5 [0]
```

①
```
  [ ] 9  1
+  1 [ ] 7
----------
   8  1 [ ]
```

②
```
   5  1 [ ]
+ [ ] 5  8
----------
   9 [ ] 3
```

③
```
   1 [ ] 8
+  7  9 [ ]
----------
  [ ] 2  2
```

④
```
   8  1 [ ]
+ [ ] 9  3
-----------
   1  4 [ ] 2
```

⑤
```
   4  3  1
+ [ ][ ] 8
----------
   7  1 [ ]
```

⑥
```
  [ ] 2  3
+  9  9 [ ]
-----------
   1  2 [ ] 1
```

⑦
```
   4 [ ][ ]
+  3  3  5
----------
  [ ] 6  2
```

⑧
```
  [ ] 8  2
+  5  7 [ ]
----------
   9 [ ] 0
```

⑨
```
  [ ] 2  5
+  5 [ ] 6
----------
   8  6 [ ]
```

⑩
```
   7  5  3
+  1 [ ][ ]
----------
  [ ] 3  2
```

⑪
```
   4  7 [ ]
+  2 [ ] 6
----------
  [ ] 2  7
```

◆ 숫자 카드를 한 번씩 모두 사용하여 덧셈식을 완성하시오.

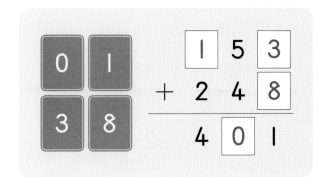

       1 5 **3**
      + 2 4 **8**
       4 **0** 1

❶
  3 5
  6 9

   ☐ ☐ 4
   + 1 ☐ 2
     5 4 ☐

❷
  1 4
  5 7

     4 2 9
    + ☐ ☐ ☐
      5 ☐ 4

❸
  1 2
  5 6

    ☐ 6 ☐
    + 3 ☐ 9
     9 3 ☐

❹
  2 4
  8 9

     3 ☐ 4
    + ☐ 7 ☐
    1 3 ☐ 2

❺
  1 2
  3 6

    ☐ 3 ☐
    + 1 8 ☐
     8 ☐ 5

❻
  2 6
  7 8

    ☐ ☐ 3
    + 2 4 ☐
    ☐ 7 0

❼
  2 5
  6 8

     2 ☐ 6
    + 5 6 ☐
    ☐ ☐ 2

잘 공부했는지 알아봅시다

1 오른쪽 계산식에서 □ 안의 숫자 **1**이 실제로 나타내는 수는 각각 얼마입니까?

㉠ : □   ㉡ : □

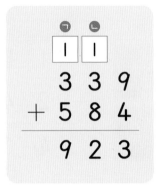

2 □ 안에 알맞은 숫자를 써넣으시오.

❶
```
    2 □ 7
  +   6 4 □
  ─────────
    □ 6 3
```

❷
```
    5 6 □
  + □ 6 3
  ─────────
  1 0 □ 1
```

3 숫자 카드를 모두 한 번씩 사용하여 덧셈식을 완성하시오.

```
    5 □ 8
  + □ 8 □
  ─────────
    7 □ □
```

26

3 세·네 자리 수의 뺄셈 (1)

풍선 터뜨리기

◑ 두 수의 차를 어림하여 점수의 범위에 맞게 풍선 두 개를 터뜨리시오.

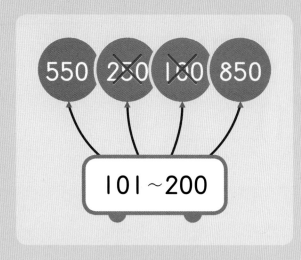

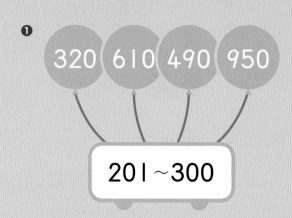

❶ 320 610 490 950
201~300

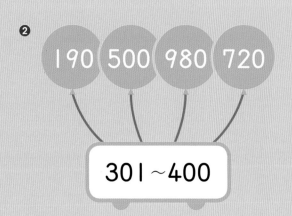

❷ 190 500 980 720
301~400

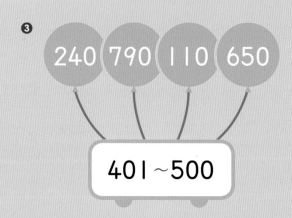

❸ 240 790 110 650
401~500

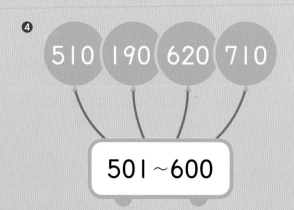

❹ 510 190 620 710
501~600

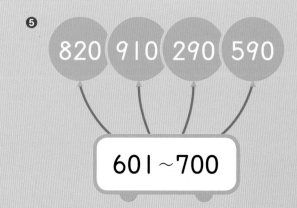

❺ 820 910 290 590
601~700

➕ 두 수의 차를 어림하여 점수의 범위에 맞게 풍선 두 개를 터뜨리시오.

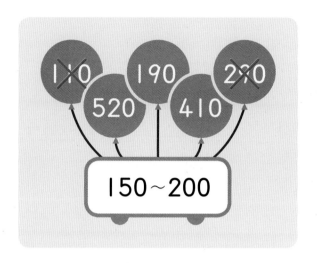

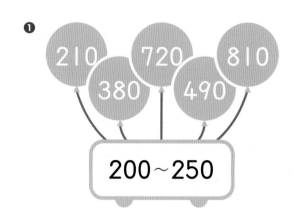

❶

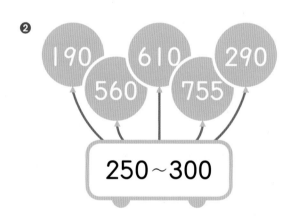

❷

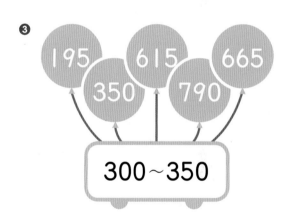

❸

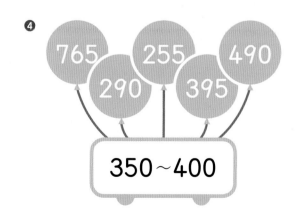

❹

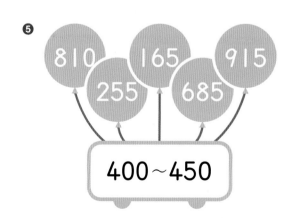

❺

수 카드 어림하기

◐ 수 카드 중 두 장을 사용하여 식을 완성하시오. 수를 어림하여 완성합니다.

| 114 | 612 | 113 |

$$\boxed{612} - \boxed{114} = 498$$

❶

| 799 | 502 | 302 |

$$\boxed{} - \boxed{} = 497$$

❷

| 410 | 510 | 111 |

$$\boxed{} - \boxed{} = 399$$

❸

| 281 | 982 | 392 |

$$\boxed{} - \boxed{} = 701$$

❹

| 553 | 453 | 856 |

$$\boxed{} - \boxed{} = 303$$

❺

| 283 | 753 | 183 |

$$\boxed{} - \boxed{} = 570$$

❻

| 876 | 776 | 242 |

$$\boxed{} - \boxed{} = 634$$

❼

| 958 | 858 | 1487 |

$$\boxed{} - \boxed{} = 529$$

♦ 수 카드 중 세 장을 사용하여 식을 완성하시오.

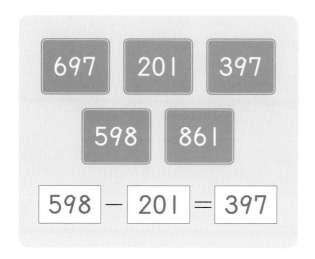

$$598 - 201 = 397$$

❶
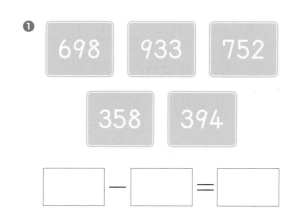

□ − □ = □

❷
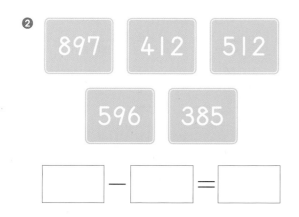

□ − □ = □

❸
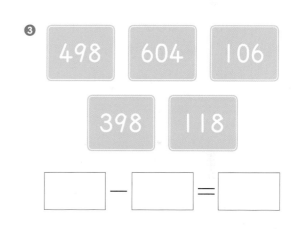

□ − □ = □

❹
468 568 846

178 746

□ − □ = □

❺
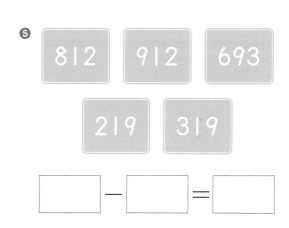

□ − □ = □

뺄셈 방법

● 여러 가지 방법의 뺄셈 설명을 보고 □ 안에 알맞은 수를 써넣으시오.

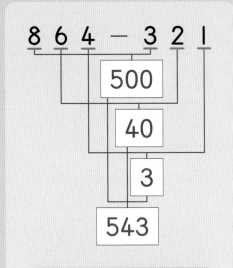

8 6 4 − 3 2 1

500
40
3
543

800에서 300, 60에서 20, 4에서 1을 뺀 다음, 그 결과를 모두 더합니다.

❶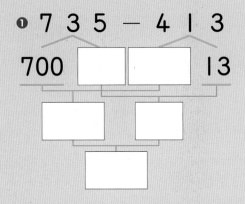

7 3 5 − 4 1 3

700 □ □ 13

700에서 400, 35에서 13을 뺀 다음, 그 결과를 더합니다.

❷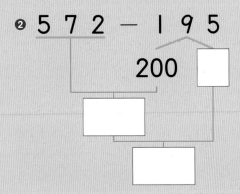

5 7 2 − 1 9 5

200 □

572에서 200을 뺀 다음, 그 결과에 5를 더합니다.

❸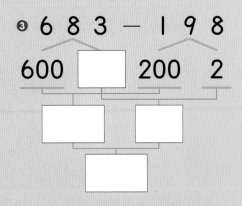

6 8 3 − 1 9 8

600 □ 200 2

600에서 200을 빼고 83에 2를 더한 다음, 그 결과를 더합니다.

✚ 여러 가지 방법으로 뺄셈을 한 것입니다. □ 안에 알맞은 수를 써넣으시오.

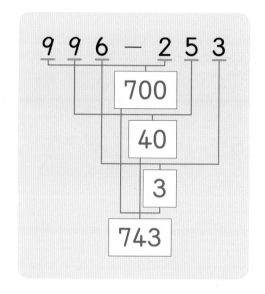

❶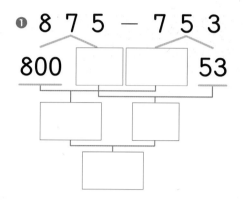

❷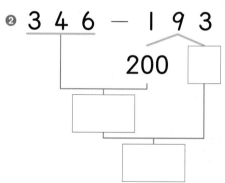

❸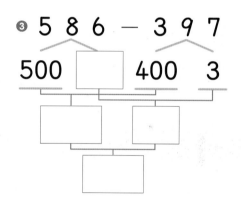

❹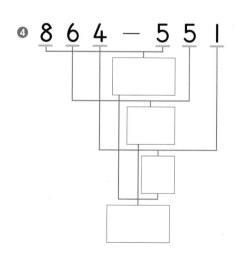

❺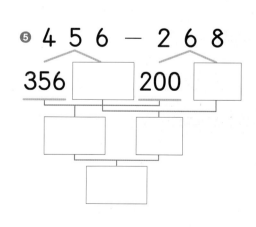

가로 뺄셈

● 여러 가지 방법으로 뺄셈을 한 것입니다. □ 안에 알맞은 수를 써넣으시오.

$895-561$

$=800+90+\boxed{5}-500-\boxed{60}-1$

$=(800-\boxed{500})+(\boxed{90}-\boxed{60})+(5-\boxed{1})$

$=\boxed{300}+\boxed{30}+\boxed{4}=\boxed{334}$

> 800에서 500, 90에서 60, 5에서 1을 뺀 다음, 그 결과를 모두 더합니다.

● $536-327$

$=500+\boxed{}-\boxed{}-27$

$=(500-\boxed{})+(36-\boxed{})$

$=200+\boxed{}=\boxed{}$

> 500에서 300, 36에서 27을 뺀 다음, 그 결과를 더합니다.

❷ $638-213$

$=638-200-\boxed{}$

$=(638-\boxed{})-13$

$=\boxed{}-13=\boxed{}$

> 638에서 200을 뺀 다음, 그 결과에서 13을 뺍니다.

❸ $727-398$

$=700+\boxed{}-\boxed{}+2$

$=(700-\boxed{})+(27+\boxed{})$

$=\boxed{}+29=\boxed{}$

> 700에서 400을 빼고 27에 2를 더한 다음, 그 결과를 더합니다.

❖ 여러 가지 방법으로 뺄셈을 한 것입니다. □ 안에 알맞은 수를 써넣으시오.

$$455-243=400+50+\boxed{5}-200-\boxed{40}-3$$
$$=(400-\boxed{200})+(\boxed{50}-40)+(5-\boxed{3})$$
$$=\boxed{200}+\boxed{10}+\boxed{2}=\boxed{212}$$

❶ $782-517=700+\boxed{}-\boxed{}-17$
$$=(700-\boxed{})+(82-\boxed{})$$
$$=200+\boxed{}=\boxed{}$$

❷ $583-229=583-200-\boxed{}$
$$=(583-\boxed{})-29$$
$$=\boxed{}-29=\boxed{}$$

❸ $613-198=600+\boxed{}-\boxed{}+2$
$$=(600-\boxed{})+(13+\boxed{})$$
$$=\boxed{}+\boxed{}=\boxed{}$$

1 두 수의 차가 ☐ 안의 수와 가장 가까운 두 수를 찾아 ○표 하시오.

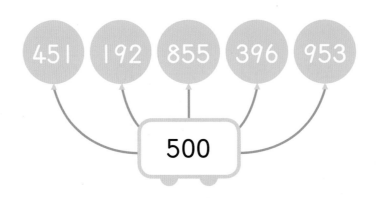

2 여러 가지 뺄셈 방법으로 계산한 것입니다. ☐ 안에 알맞은 수를 써넣으시오.

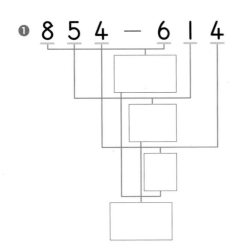

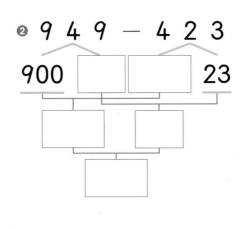

3 196이 200보다 4 작은 수임을 이용하여 493－196을 계산하였습니다. 같은 방법으로 다음 뺄셈을 하시오.

493－196
＝493－200＋4
＝293＋4＝297

842－492

4 세·네 자리 수의 뺄셈 (2)

세로 뺄셈

● □ 안에 알맞은 수를 써넣으시오.

$$
\begin{array}{r}
6\ 4\ 5 \\
-\ 3\ 5\ 3 \\
\hline
\boxed{2}
\end{array}
\Rightarrow
\begin{array}{r}
\boxed{5}\ \boxed{10} \\
\cancel{6}\ 4\ 5 \\
-\ 3\ 5\ 3 \\
\hline
\boxed{9}\ \boxed{2}
\end{array}
\Rightarrow
\begin{array}{r}
\boxed{5}\ \boxed{10} \\
\cancel{6}\ 4\ 5 \\
-\ 3\ 5\ 3 \\
\hline
\boxed{2}\ \boxed{9}\ \boxed{2}
\end{array}
$$

①

$$
\begin{array}{r}
\boxed{\ }\ \boxed{\ } \\
9\ 4\ 6 \\
-\ 4\ 1\ 7 \\
\hline
\boxed{\ }
\end{array}
\Rightarrow
\begin{array}{r}
\boxed{\ }\ \boxed{\ } \\
9\ 4\ 6 \\
-\ 4\ 1\ 7 \\
\hline
\boxed{\ }\ \boxed{\ }
\end{array}
\Rightarrow
\begin{array}{r}
\boxed{\ }\ \boxed{\ } \\
9\ 4\ 6 \\
-\ 4\ 1\ 7 \\
\hline
\boxed{\ }\ \boxed{\ }\ \boxed{\ }
\end{array}
$$

②

$$
\begin{array}{r}
\boxed{\ }\ \boxed{\ } \\
4\ 2\ 2 \\
-\ 2\ 8\ 5 \\
\hline
\boxed{\ }
\end{array}
\Rightarrow
\begin{array}{r}
\boxed{\ }\ \boxed{\ }\ \boxed{\ } \\
4\ 2\ 2 \\
-\ 2\ 8\ 5 \\
\hline
\boxed{\ }\ \boxed{\ }
\end{array}
\Rightarrow
\begin{array}{r}
\boxed{\ }\ \boxed{\ }\ \boxed{\ } \\
4\ 2\ 2 \\
-\ 2\ 8\ 5 \\
\hline
\boxed{\ }\ \boxed{\ }\ \boxed{\ }
\end{array}
$$

③

$$
\begin{array}{r}
\boxed{\ }\ \boxed{\ } \\
1\ 5\ 5\ 1 \\
-\ 9\ 7\ 6 \\
\hline
\boxed{\ }
\end{array}
\Rightarrow
\begin{array}{r}
\boxed{\ }\ \boxed{\ }\ \boxed{\ } \\
1\ 5\ 5\ 1 \\
-\ 9\ 7\ 6 \\
\hline
\boxed{\ }\ \boxed{\ }
\end{array}
\Rightarrow
\begin{array}{r}
\boxed{\ }\ \boxed{\ }\ \boxed{\ } \\
1\ 5\ 5\ 1 \\
-\ 9\ 7\ 6 \\
\hline
\boxed{\ }\ \boxed{\ }\ \boxed{\ }
\end{array}
$$

✚ 세로셈으로 고쳐 계산하시오.

539 − 243 = 296

```
    5 3 9
  −　2 4 3
  ─────
    2 9 6
```

❶ 773 − 481 = ☐

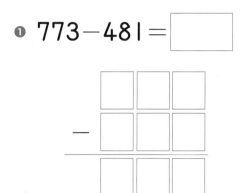

❷ 857 − 595 = ☐

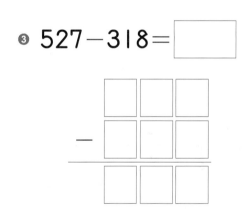

❸ 527 − 318 = ☐

❹ 751 − 538 = ☐

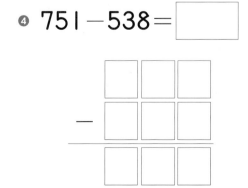

❺ 558 − 279 = ☐

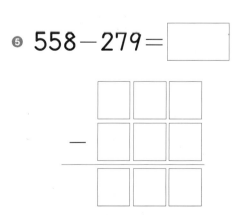

고치기

● 잘못 계산된 부분을 찾아 바르게 고치시오.

```
    9 0 8
  - 3 4 6
  -------
    6̸ 6 2
    5
```

①
```
    7 5 3
  - 5 2 7
  -------
    2 3 6
```

②
```
    3 6 7
  - 1 7 4
  -------
    2 9 3
```

③
```
  1 6 3 6
  - 8 5 8
  -------
    8 8 8
```

④
```
    3 7 4
  - 1 9 6
  -------
    2 7 8
```

⑤
```
    4 6 4
  - 3 1 9
  -------
    1 5 5
```

⑥
```
  1 2 4 3
  - 3 6 9
  -------
    9 8 4
```

⑦
```
    9 4 3
  - 7 8 2
  -------
    2 6 1
```

⑧
```
    8 1 5
  - 5 1 6
  -------
    3 0 9
```

⑨
```
    7 5 1
  - 4 9 7
  -------
    3 4 4
```

⑩
```
    5 2 8
  - 2 3 4
  -------
    3 9 4
```

⑪
```
  1 0 6 3
  - 6 4 5
  -------
    4 2 8
```

틀린 답을 찾아 바르게 고치시오.

```
    6 5 9        6 4 1        1 2 0 2        4 9 7
  - 2 6 8      - 4 2 5      -   5 7 3      - 2 9 9
    3 9 1        2 1 6          7̶ 3̶ 9        1 9 8
                                 6 2
```

❶
```
    1 1 0 4        9 8 7        6 2 2        3 4 5
  -   7 3 5      - 1 2 9      - 3 6 7      - 1 6 4
      3 6 9        8 5 8        3 5 5        1 8 1
```

❷
```
    6 8 6        1 2 3 4        6 7 0        5 4 5
  - 4 9 3      -   9 6 5      - 4 9 9      - 2 1 8
    2 9 3          2 6 9        1 7 1        3 2 7
```

❸
```
    8 3 2        4 7 7        7 0 4        1 6 1 3
  - 5 1 7      - 2 8 9      - 5 8 1      -   8 3 7
    3 1 5        1 8 8        1 2 3          7 8 6
```

체인지셈

● 색칠된 두 숫자를 바꾸어 계산하시오.

$$
\begin{array}{r}
8\;7\;3\\
-\;2\;8\;2\\
\hline
5\;9\;1
\end{array}
\rightarrow
\begin{array}{r}
8\;2\;3\\
-\;2\;8\;7\\
\hline
5\;3\;6
\end{array}
$$

①
$$
\begin{array}{r}
1\;6\;3\;9\\
-\;\;7\;2\;5\\
\hline
9\;1\;4
\end{array}
\rightarrow
$$

②
$$
\begin{array}{r}
5\;9\;2\\
-\;3\;9\;1\\
\hline
2\;0\;1
\end{array}
\rightarrow
$$

③
$$
\begin{array}{r}
8\;4\;9\\
-\;5\;6\;5\\
\hline
2\;8\;4
\end{array}
\rightarrow
$$

④
$$
\begin{array}{r}
3\;7\;3\\
-\;1\;9\;8\\
\hline
1\;7\;5
\end{array}
\rightarrow
$$

⑤
$$
\begin{array}{r}
1\;3\;8\;7\\
-\;\;6\;1\;9\\
\hline
7\;6\;8
\end{array}
\rightarrow
$$

⑥
$$
\begin{array}{r}
5\;6\;3\\
-\;2\;9\;1\\
\hline
2\;7\;2
\end{array}
\rightarrow
$$

⑦
$$
\begin{array}{r}
9\;7\;5\\
-\;4\;8\;3\\
\hline
4\;9\;2
\end{array}
\rightarrow
$$

● 다음 식은 숫자 두 개가 바뀐 것입니다. 바뀐 숫자에 ○표 하고 바르게 고치시오.

```
    7 3 ①          7 3 5
  − 4 ⑤ 7    →   − 4 1 7
  ─────         ─────
    3 1 8          3 1 8
```

❶
```
    1 7 4 6
  − 5 8 3    →
  ───────
    7 5 9
```

❷
```
    4 5 2
  − 8 7 1    →
  ───────
    1 8 7
```

❸
```
    8 5 4
  − 2 6 3    →
  ───────
    4 9 2
```

❹
```
    1 5 6 7
  − 4 3 8    →
  ───────
    9 0 9
```

❺
```
    9 2 5
  − 4 3 8    →
  ───────
    3 8 6
```

❻
```
    4 5 3
  − 1 6 2    →
  ───────
    2 5 8
```

❼
```
    9 8 4
  − 2 6 3    →
  ───────
    3 9 1
```

숫자 카드 벌레셈

● 다음 빈칸에 알맞은 수를 써넣으시오.

```
    3 [9] 2
  - [1] 9 5
  ─────────
    1 9 [7]
```

❶
```
  [ ] 5 5
  - 4 [ ] 3
  ─────────
    1 8 [ ]
```

❷
```
    4 6 0
  - [ ] 4 [ ]
  ─────────
    2 [ ] 4
```

❸
```
    8 1 [ ]
  - 3 [ ] 7
  ─────────
  [ ] 7 8
```

❹
```
  1 8 8
  - 5 8 [ ]
  ─────────
  6 [ ] 9
```

❺
```
    9 [ ] 3
  - [ ] 6 5
  ─────────
    2 7 [ ]
```

❻
```
    9 [ ] 2
  - 2 9 [ ]
  ─────────
  [ ] 8 1
```

❼
```
    5 1 [ ]
  - [ ] 0 9
  ─────────
    2 [ ] 8
```

❽
```
  1 1 8 8
  - [ ] [ ] 9
  ─────────
    8 0 [ ]
```

❾
```
  1 [ ] 3 6
  - 7 [ ] 4
  ─────────
    7 9 [ ]
```

❿
```
    8 4 0
  - 1 [ ] [ ]
  ─────────
  [ ] 7 2
```

⓫
```
    7 6 [ ]
  - 2 [ ] 3
  ─────────
    6 8
```

✚ 숫자 카드를 한 번씩 모두 사용하여 뺄셈식을 완성하시오.

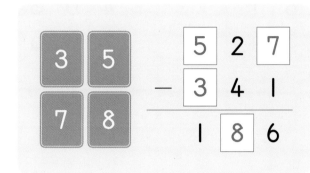

```
    5 2 7
  -  3 4 1
  ─────────
    1 8 6
```

❶
```
  1 □ 6 □
  -  5 □ 8
  ─────────
    □ 6 9
```

❷
```
    □ 6 1
  -  2 □ □
  ─────────
    1 3 □
```

❸
```
    8 □ □
  -  □ 2 7
  ─────────
    3 □ 6
```

❹
```
    □ 4 □
  -  □ 6 3
  ─────────
    4 □ 2
```

❺
```
  1 □ □ 8
  -  7 2 □
  ─────────
    □ 7 9
```

❻
```
    □ 4 □
  -  6 □ 7
  ─────────
    □ 1 8
```

❼
```
    □ 5 2
  -  □ 8 □
  ─────────
    2 □ 5
```

잘 공부했는지 알아봅시다

월   일

1 다음 계산을 하시오.

❶
```
    6 4 4
  - 4 9 7
  ───────
```

❷
```
    5 8 1
  - 1 3 4
  ───────
```

❸
```
  1 4 0 3
  - 7 6 5
  ───────
```

2 숫자 카드 중 네 장을 사용하여 뺄셈식을 완성하시오.

2   3   4

6   8

```
    8 □ 2
  - □ 5 □
  ───────
    4 □ 6
```

3 다음 식은 숫자 두 개가 바뀐 것입니다. 바뀐 숫자에 ○표 하고 바르게 고치시오.

❶
```
    7 5 1
  - 2 8 9
  ───────
    4 2 6
```
→

❷
```
    9 6 2
  - 5 4 7
  ───────
    2 1 3
```
→

46

5 세·네 자리 수의 덧셈과 뺄셈 (1)

관계셈

● 덧셈식을 보고 뺄셈식을, 뺄셈식을 보고 덧셈식을 만드시오.

$217+324=541$

$541-\boxed{217}=\boxed{324}$

$541-\boxed{324}=\boxed{217}$

❶ $466+157=623$

$623-\boxed{}=\boxed{}$

$623-\boxed{}=\boxed{}$

❷ $352+298=650$

$650-\boxed{}=\boxed{}$

$650-\boxed{}=\boxed{}$

❸ $145+285=430$

$430-\boxed{}=\boxed{}$

$430-\boxed{}=\boxed{}$

$574-305=269$

$305+\boxed{269}=\boxed{574}$

$269+\boxed{305}=\boxed{574}$

❹ $792-557=235$

$557+\boxed{}=\boxed{}$

$235+\boxed{}=\boxed{}$

❺ $441-279=162$

$279+\boxed{}=\boxed{}$

$162+\boxed{}=\boxed{}$

❻ $927-623=304$

$623+\boxed{}=\boxed{}$

$304+\boxed{}=\boxed{}$

● □ 안에 알맞은 수를 써넣으시오.

$\boxed{309} + 465 = 774$ ⟷ $774 - \boxed{465} = 309$

❶ $\boxed{} + 521 = 647$ ⟷ $647 - \boxed{} = 126$

❷ $\boxed{} + 187 = 415$ ⟷ $415 - \boxed{} = 228$

❸ $\boxed{} + 206 = 353$ ⟷ $353 - \boxed{} = 147$

❹ $\boxed{} + 615 = 806$ ⟷ $806 - \boxed{} = 191$

❺ $\boxed{} + 364 = 588$ ⟷ $588 - \boxed{} = 224$

❻ $\boxed{} + 408 = 912$ ⟷ $912 - \boxed{} = 504$

계단셈

530

● 빈칸에 알맞은 수를 써넣으시오.

①
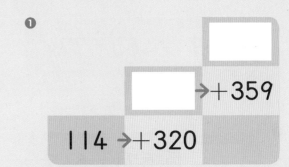

②
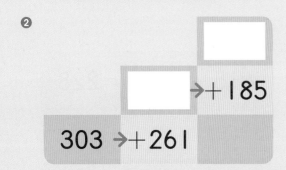

③
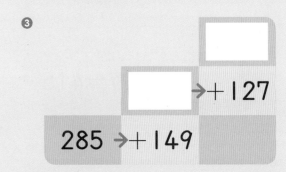

④
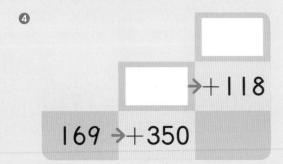

⑤

⑥
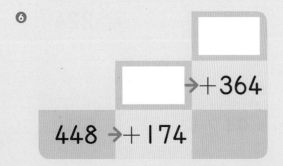

⑦
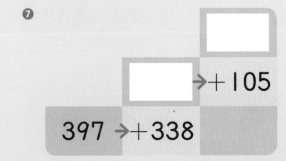

⊕ 빈칸에 알맞은 수를 써넣으시오.

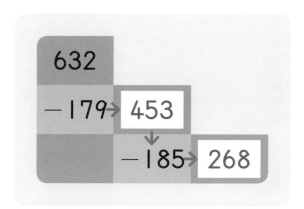

①

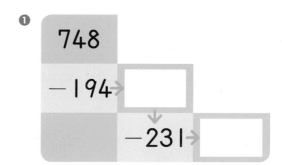

748
−194 →
−231 →

②

946
−168 →
−557 →

③

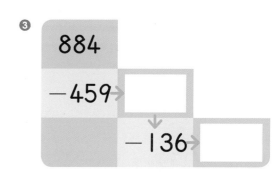

884
−459 →
−136 →

④

620
−273 →
−144 →

⑤

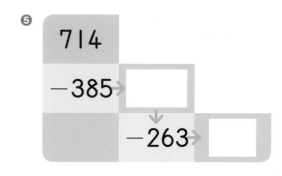

714
−385 →
−263 →

⑥

825
−267 →
−509 →

⑦

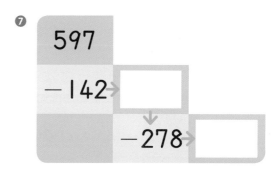

597
−142 →
−278 →

도형 안의 수

● 같은 모양의 도형 안에 있는 수의 합을 구하시오.

256　517　396
474　424　314

삼각형 : 941
사각형 : 570
원　: 870

❶

372　608　281
196　157　410

삼각형 :
사각형 :
원　:

❷

401　292　115
563　187　614

삼각형 :
사각형 :
원　:

◆ 같은 모양의 도형 안에 있는 수의 차를 구하시오.

661   112   845

293   180   567

삼각형 : 733

사각형 : 274

원   : 481

❶

404   266   811

929   763   600

삼각형 :

사각형 :

원   :

❷

581   936   750

373   108   124

삼각형 :

사각형 :

원   :

약속셈

● 약속에 맞게 계산한 것입니다. 빈칸에 알맞은 수를 써넣으시오.

약속

$$■⊙● = ■ + ● + ●$$

271⊙214

$= 271 + \boxed{214} + 214$

$= \boxed{699}$

136⊙108

$= \boxed{136} + 108 + \boxed{108}$

$= \boxed{352}$

❶ 약속

$$■◇● = ■ + ■ + ●$$

335◇186

$= 335 + \boxed{} + 186$

$= \boxed{}$

197◇241

$= \boxed{} + 197 + \boxed{}$

$= \boxed{}$

❷ 약속

$$■·● = ■ - ● - ●$$

648·257

$= 648 - \boxed{} - 257$

$= \boxed{}$

871·329

$= \boxed{} - 329 - \boxed{}$

$= \boxed{}$

❸ 약속

$$■△● = ■ + ■ - ●$$

406△532

$= 406 + \boxed{} - 532$

$= \boxed{}$

350△174

$= \boxed{} + 350 - \boxed{}$

$= \boxed{}$

⊕ 약속에 맞게 계산하시오.

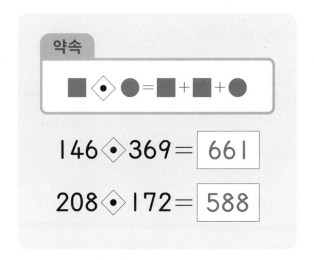

146◇369 = 661

208◇172 = 588

①

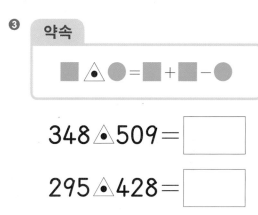

951·417 =

663·184 =

②

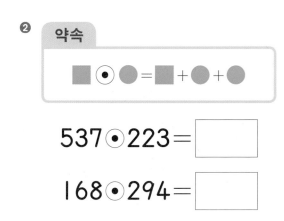

537⊙223 =

168⊙294 =

③

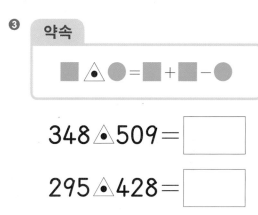

348△509 =

295△428 =

④

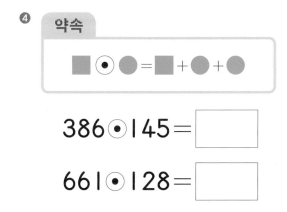

386⊙145 =

661⊙128 =

⑤

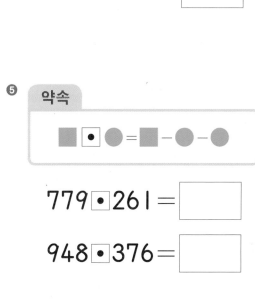

779·261 =

948·376 =

1 □ 안에 알맞은 수를 써넣으시오.

❶

$653 - \boxed{} = 435$ ⟷ $218 + \boxed{} = 653$

❷

$864 - \boxed{} = 738$ ⟷ $126 + \boxed{} = 864$

2 다음 빈칸에 알맞은 수를 써넣으시오.

| 769 | -272 | | $+133$ | |

3 다음에서 설명하는 ㉠과 ㉡의 합은 얼마입니까?

㉠ 100이 1개, 10이 16개, 1이 26개
㉡ 100이 2개, 10이 20개, 1이 15개

4 ●를 다음과 같이 약속할 때 **574●367**을 계산하시오.

약속

㉮●㉯ = ㉮ + ㉮ − ㉯

6 세·네 자리 수의 덧셈과 뺄셈 (2)

어림하기

● 몇백으로 어림하여 계산한 다음, 실제 값과의 차를 구하시오.

215+382	
어림한 값	600
실제 값	597
차	3

❶

786−403	
어림한 값	
실제 값	
차	

❷

178+526	
어림한 값	
실제 값	
차	

❸

824−675	
어림한 값	
실제 값	
차	

❹

479+291	
어림한 값	
실제 값	
차	

❺

696−382	
어림한 값	
실제 값	
차	

❖ 몇백 몇십으로 어림하여 계산한 다음, 실제 값과의 차를 구하시오.

	141+168
어림한 값	310
실제 값	309
차	1

❶

	548-276
어림한 값	
실제 값	
차	

❷

	612+237
어림한 값	
실제 값	
차	

❸

	891-458
어림한 값	
실제 값	
차	

❹

	338+489
어림한 값	
실제 값	
차	

❺

	726-567
어림한 값	
실제 값	
차	

대소셈

● ○ 안에 >, =, <를 알맞게 써넣은 다음, 빈칸에 계산 결과를 쓰고 확인하시오.

$276+139$ ⟨<⟩ 431

415

❶ $724-131$ ◯ 576

❷ $928-412$ ◯ 498

❸ $132+344$ ◯ 476

❹ $458+157$ ◯ 652

❺ $801-678$ ◯ 143

❻ $579-219$ ◯ 330

❼ $442+336$ ◯ 769

❽ $203+781$ ◯ 984

❾ $917-445$ ◯ 490

✚ ○ 안에 >, =, <를 알맞게 써넣은 다음, 빈칸에 계산 결과를 쓰고 확인하시오.

852−370 ⃝= 264+218

| 482 | | 482 |

❶ 109+179 ◯ 477−201

❷ 433+193 ◯ 879−152

❸ 741−322 ◯ 289+235

❹ 670−211 ◯ 276+130

❺ 701+166 ◯ 979−112

❻ 187+395 ◯ 961−317

❼ 809−262 ◯ 108+387

❽ 645−414 ◯ 134+188

❾ 356+133 ◯ 1267−831

535 합과 차

● 두 수의 합과 차를 빈칸에 써넣으시오.

8
차
289 | 281
합
570

❶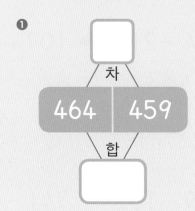

차
464 | 459
합

❷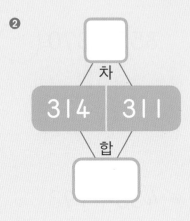

차
314 | 311
합

❸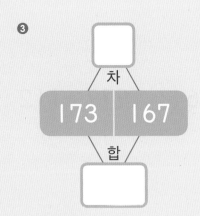

차
173 | 167
합

❹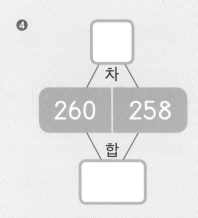

차
260 | 258
합

❺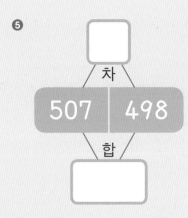

차
507 | 498
합

❻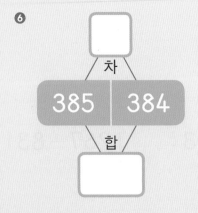

차
385 | 384
합

❼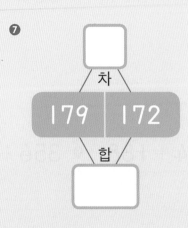

차
179 | 172
합

❽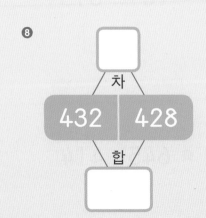

차
432 | 428
합

● 합과 차에 맞게 두 수를 구하여 큰 수부터 차례로 써넣으시오.

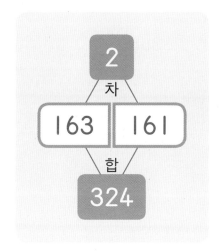

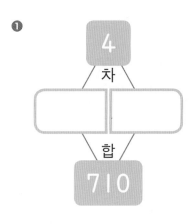

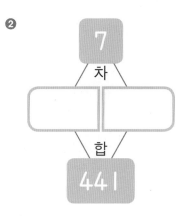

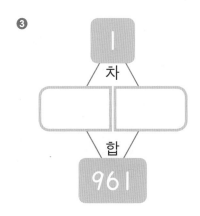

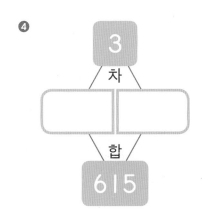

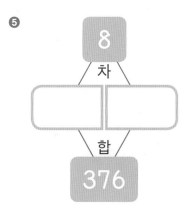

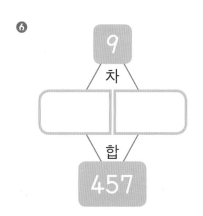

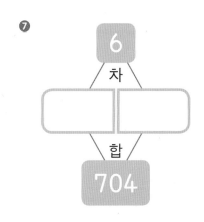

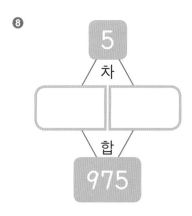

거꾸로셈

● ○ 안에 + 또는 ─ 를, □ 안에는 알맞은 수를 써넣으시오.

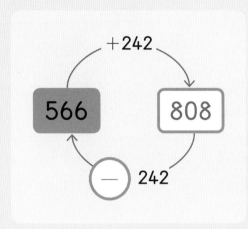

❶
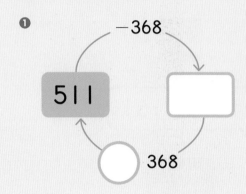

❷
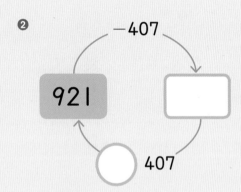

❸
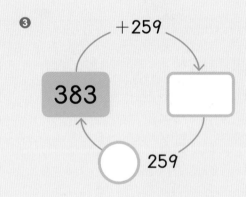

❹
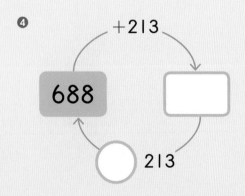

❺
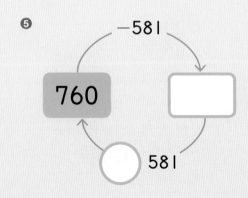

❖ 빈칸에 알맞은 수를 써넣으시오.

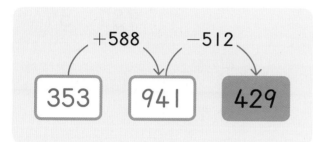

+588　−512

353　941　429

①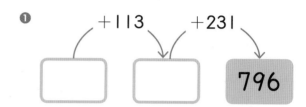

+113　+231

□　□　796

②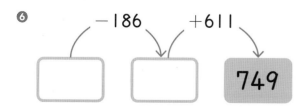

−169　−328

□　□　265

③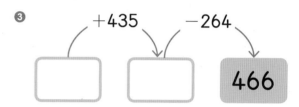

+435　−264

□　□　466

④

+105　−472

□　□　180

⑤

−298　+152

□　□　465

⑥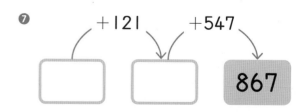

−186　+611

□　□　749

⑦

+121　+547

□　□　867

잘 공부했는지 알아봅시다

1 몇백으로 어림하여 계산한 다음, 실제 값과의 차를 구하시오.

❶

	286+304
어림한 값	
실제 값	
차	

❷

	987−594
어림한 값	
실제 값	
차	

2 빈칸에 알맞은 수를 써넣으시오.

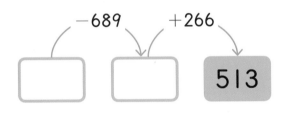

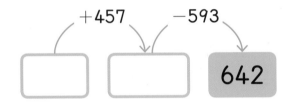

3 ◯ 안에 >, =, <를 알맞게 써넣으시오.

421−158 ◯ 253+196

4 ㉠과 ㉡을 각각 구하시오.

㉠+㉡=410   ㉠−㉡=10

문해결 연산

주사위 큰 합

● 계산 결과에 맞게 □ 안에 주사위의 눈의 수를 한 번씩 써넣으시오.

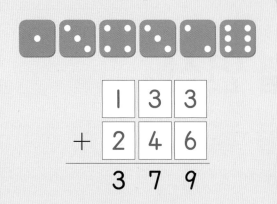

$$
\begin{array}{r}
1\ 3\ 3 \\
+\ 2\ 4\ 6 \\
\hline
3\ 7\ 9
\end{array}
$$

①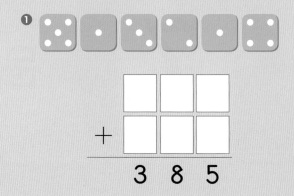

$$
\begin{array}{r}
\square\ \square\ \square \\
+\ \square\ \square\ \square \\
\hline
3\ 8\ 5
\end{array}
$$

②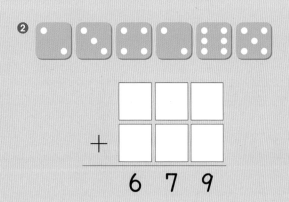

$$
\begin{array}{r}
\square\ \square\ \square \\
+\ \square\ \square\ \square \\
\hline
6\ 7\ 9
\end{array}
$$

③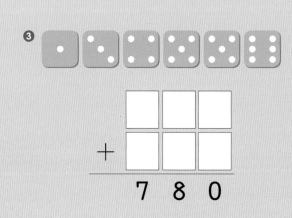

$$
\begin{array}{r}
\square\ \square\ \square \\
+\ \square\ \square\ \square \\
\hline
7\ 8\ 0
\end{array}
$$

④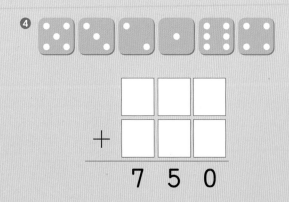

$$
\begin{array}{r}
\square\ \square\ \square \\
+\ \square\ \square\ \square \\
\hline
7\ 5\ 0
\end{array}
$$

⑤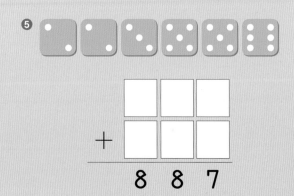

$$
\begin{array}{r}
\square\ \square\ \square \\
+\ \square\ \square\ \square \\
\hline
8\ 8\ 7
\end{array}
$$

➕ 계산 결과가 가장 크도록 주사위의 눈의 수를 한 번씩 써넣고, 합을 구하시오.

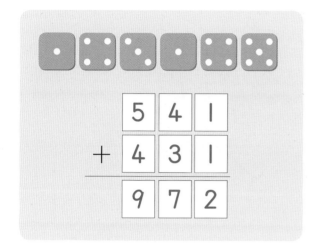

```
  5 4 1
+ 4 3 1
─────────
  9 7 2
```

❶

❷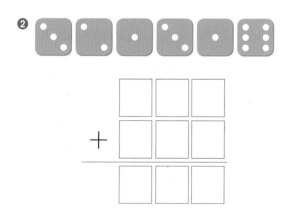

❸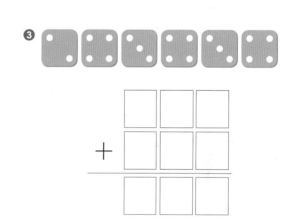

❹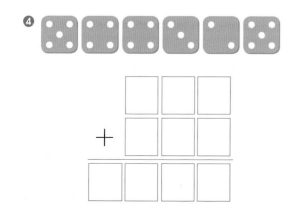

❺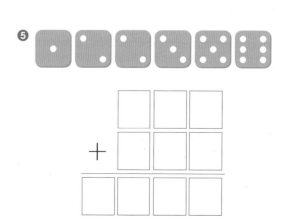

과녁 큰 차

● 과녁에 **6**개의 화살을 쏘았습니다. 계산 결과에 맞게 □ 안에 과녁에 꽂힌 수를
써넣으시오.

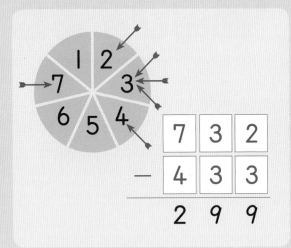

	7	3	2
−	4	3	3
	2	9	9

❶

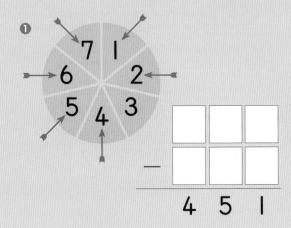

−			
	4	5	1

❷

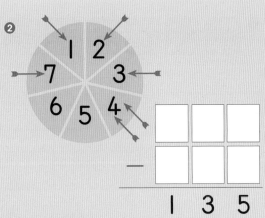

−			
	1	3	5

❸

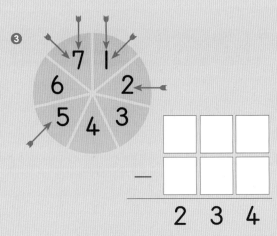

−			
	2	3	4

❹

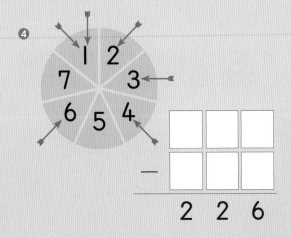

−			
	2	2	6

❺

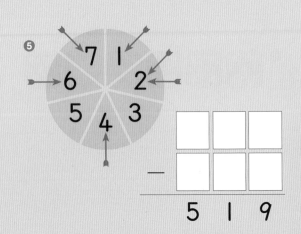

−			
	5	1	9

❋ 계산 결과가 가장 크도록 과녁에 꽂힌 수를 한 번씩 써넣고, 차를 구하시오.

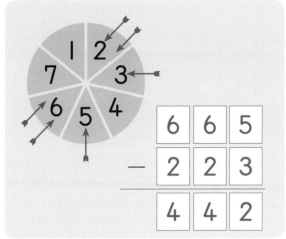

	6	6	5
−	2	2	3
	4	4	2

❶
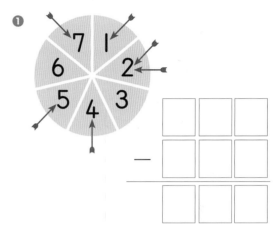

❷
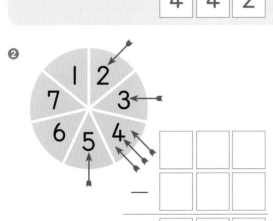

❸
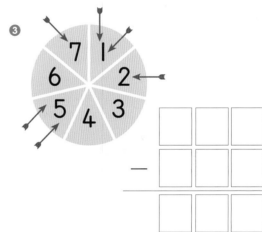

❹
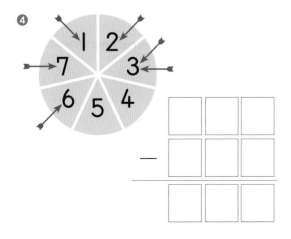

❺
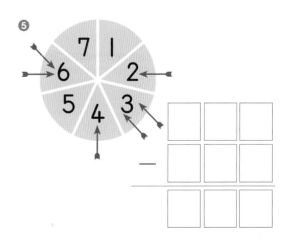

숫자 카드 합과 차

숫자 카드를 한 번씩 사용하여 만들 수 있는 가장 큰 수와 가장 작은 수의 합과 차를 구한 것입니다. 빈칸에 알맞은 수를 써넣으시오.

$$
\begin{array}{r}
7\ 5\ 4 \\
+\ 4\ 5\ 7 \\
\hline
1\ 2\ 1\ 1
\end{array}
\qquad
\begin{array}{r}
7\ 5\ 4 \\
-\ 4\ 5\ 7 \\
\hline
2\ 9\ 7
\end{array}
$$

①

$$
\begin{array}{r}
\square\ \square\ \square \\
+\ \square\ \square\ \square \\
\hline
\square\ \square\ \square
\end{array}
\qquad
\begin{array}{r}
\square\ \square\ \square \\
-\ \square\ \square\ \square \\
\hline
\square\ \square\ \square
\end{array}
$$

②

$$
\begin{array}{r}
\square\ \square\ \square \\
+\ \square\ \square\ \square \\
\hline
\square\ \square\ \square
\end{array}
\qquad
\begin{array}{r}
\square\ \square\ \square \\
-\ \square\ \square\ \square \\
\hline
\square\ \square\ \square
\end{array}
$$

③

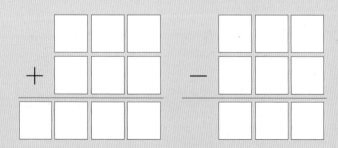

✚ 네 장의 숫자 카드 중 **3**장을 각각 한 번씩 사용하여 만들 수 있는 세 자리 중에서 가장 큰 수와 가장 작은 수의 합과 차를 구하시오.

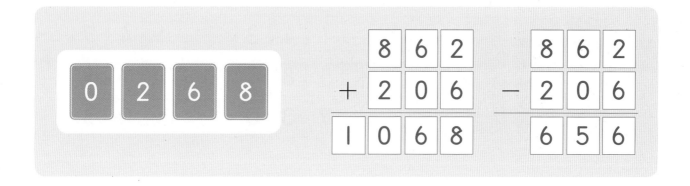

❶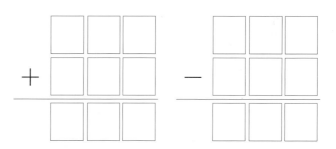

❷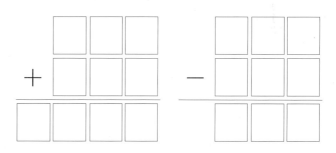

❸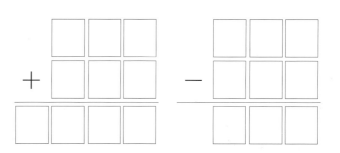

숫자 카드 목표수

● 식에 맞게 왼쪽 숫자 카드를 한 번씩 써넣으시오.

	1	4	3
+	5	8	7
	7	3	0

	1	4	7
+	3	5	8
	5	0	5

①

0 2 3
6 8 9

−			
	2	8	1

−			
	7	6	5

②

1 2 5
6 7 9

+			
1	4	7	9

−			
	2	6	5

③

0 1 3
4 8 7

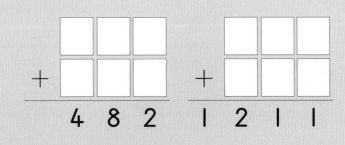

+			
	4	8	2

+			
1	2	1	1

✚ 조건에 맞게 숫자 카드를 한 번씩 써넣고, 계산하시오.

8	7	1
6	3	4

조건 합이 가장 크게

```
   8 6 3
 + 7 4 1
 1 6 0 4
```

조건 합이 가장 작게

```
   1 4 8
 + 3 6 7
   5 1 5
```

❶

조건 차가 가장 크게

```
   □ □ □
 - □ □ □
   □ □ □
```

조건 차가 가장 작게

```
   □ □ □
 - □ □ □
     □ □
```

❷

조건 합이 가장 크게

```
   □ □ □
 + □ □ □
   □ □ □
```

조건 차가 가장 크게

```
   □ □ □
 - □ □ □
   □ □ □
```

1 숫자 카드를 한 번씩 사용하여 만들 수 있는 세 자리 수 중에서 가장 큰 수와 가장 작은 수의 합을 구하시오.

❶

❷

2 하나의 ☐ 안에 들어 있는 수의 합이 ● 안의 수와 같을 때 ☐ 안에 알맞은 수를 써넣으시오.

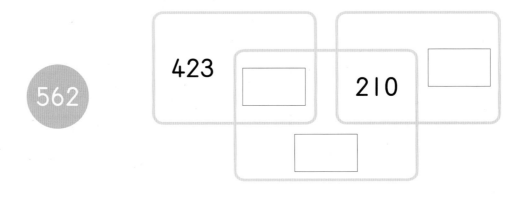

3 숫자 카드를 한 번씩 사용하여 조건에 맞는 식을 만들고 계산하시오.

8 식으로 표현하기

문장제

● 문제에 맞게 식의 □ 안에 알맞은 수를 써넣으시오.

민호는 줄넘기를 147개 하였습니다. 정수는 민호보다 119개를 더 많이 했습니다. 정수는 줄넘기를 몇 개 하였습니까?

식 : $\boxed{147}$ + $\boxed{119}$ = $\boxed{266}$ (개) 답 : __266__ 개

❶ 불국사 석가탑의 높이는 1075cm, 첨성대의 높이는 917cm입니다. 석가탑은 첨성대보다 몇 cm 더 높습니까?

식 : $\boxed{}$ − $\boxed{}$ = $\boxed{}$ (cm) 답 : _____ cm

❷ 고려는 918년 태조 왕건에 의해 건국되었고, 474년 후 조선이 건국될 때까지 지속되었습니다. 조선이 건국된 해는 몇 년입니까?

식 : $\boxed{}$ + $\boxed{}$ = $\boxed{}$ (년) 답 : _____ 년

❸ KTX 열차에 498명이 타고 있었습니다. 정류장에서 115명이 내리고, 286명이 탔습니다. 지금 열차에 타고 있는 사람은 모두 몇 명입니까?

식 : $\boxed{}$ − $\boxed{}$ + $\boxed{}$ = $\boxed{}$ (명) 답 : _____ 명

❹ 용돈으로 485원을 받아서 125원으로 사탕을 사고, 칠판을 닦아서 247원을 벌었습니다. 남은 돈은 얼마입니까?

식 : $\boxed{}$ − $\boxed{}$ + $\boxed{}$ = $\boxed{}$ (원) 답 : _____ 원

✦ 식과 답을 쓰시오.

> 정호는 줄넘기를 **247**개 하였고, 소정이는 정호보다 **109**개 더 적게 하였습니다. 소정이는 줄넘기를 몇 개 하였습니까?
>
> 식 :   **247 − 109 = 138**(개)   답 :   **138**   개

❶ 어느 라디오 프로그램이 오늘 **486**회째 방송을 합니다. 이 프로그램이 매일 하는 방송이라고 할 때 일년 후에는 몇 회째 방송을 하게 됩니까? 단, 일년은 **365**일입니다.

       식 : _____   답 : _____ 회

❷ 대한민국의 명산으로 꼽히는 지리산의 높이는 **1915**m, 북한산의 높이는 **837**m입니다. 지리산은 북한산보다 몇 m 더 높습니까?

       식 : _____   답 : _____ m

❸ KTX 열차에 **758**명이 타고 있었습니다. 첫 번째 정류장에서 **175**명이 내리고 **48**명이 탔습니다. 지금 열차에 타고 있는 사람은 모두 몇 명입니까?

       식 : _____   답 : _____ 명

❹ 알뜰 시장에서 봉사활동을 하여 **376**원을 벌었고, 지우개를 하나 사서 **269**원을 썼습니다. 처음 가지고 있던 돈이 **485**원이라면 남은 돈은 얼마입니까?

       식 : _____   답 : _____ 원

542 표 문장제

2, 3학년 학생 중 안경을 쓴 학생을 조사하여 만든 표입니다. 표를 보고, 물음에 알맞은 식과 답을 쓰시오.

〈안경을 쓴 학생 수〉

	남학생	여학생
2학년	154	198
3학년	178	183

안경을 쓴 남학생은 몇 명입니까?

식 : $154+178=332$(명)　　답 : 332 명

❶ 안경을 쓴 여학생은 몇 명입니까?

식 : _____　　답 : _____ 명

❷ 안경을 쓴 3학년 학생은 몇 명입니까?

식 : _____　　답 : _____ 명

❸ 2학년 학생 중에서 안경을 쓴 여학생은 안경을 쓴 남학생보다 몇 명 더 많습니까?

식 : _____　　답 : _____ 명

❹ 안경을 쓴 여학생은 안경을 쓴 남학생보다 몇 명 더 많습니까?

식 : _____　　답 : _____ 명

✦ **2**, **3**, **4**학년 학생이 청군과 백군으로 나누어 경기를 하였습니다. 표를 보고, 물음에 알맞은 식과 답을 쓰시오.

〈청군, 백군 학생 수〉

	청군	백군
2학년	215	264
3학년	284	218
4학년	239	247

2학년 학생 수는 몇 명입니까?

식 : $215 + 264 = 479$(명)   답 : **479** 명

❶ **3**학년 학생 수는 몇 명입니까?

식 : _____   답 : _____ 명

❷ **3**학년 학생은 **2**학년 학생보다 몇 명 더 많습니까?

식 : _____   답 : _____ 명

❸ **2**, **3**, **4**학년 학생 중 청군과 백군은 각각 모두 몇 명입니까?

식 : (청군) _____   답 : (청군) _____ 명

(백군) _____   (백군) _____ 명

❹ 청군과 백군 중 어느 쪽이 몇 명 더 많습니까?

식 : _____   답 : _____ 군, _____ 명

그림 지도

◑ 그림 지도를 보고 물음에 답하시오.

학교에서 누구네 집이 몇 m 더 멉니까?

__송이__ 네, __159__ m

❶

집에서 도서관을 들러 학교까지 가려고 합니다. 몇 m를 가야 합니까?

_____ m

❷

집에서 놀이터를 거쳐 도서관까지의 거리가 561m입니다. 집에서 놀이터까지의 거리가 237m일 때, 놀이터에서 도서관까지의 거리는 몇 m입니까?

_____ m

❸

학교에서 집까지 가는 가장 빠른 길의 거리는 몇 m입니까?

_____ m

✛ 어느 마을의 그림 지도입니다. 물음에 답하시오.

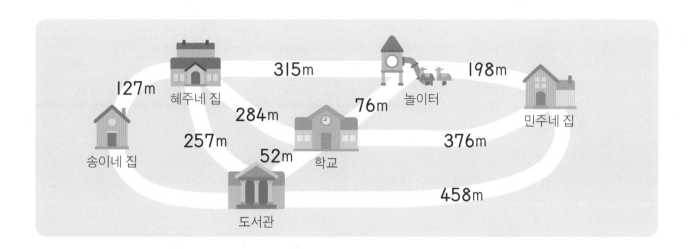

혜주네 집에서 출발하여 학교에 들렀다가 민주네 집으로 가려면 몇 m를 가야
합니까? 단, 다른 곳에는 들르지 않습니다.

식 : <u>284＋376＝660</u>(m)　　　답 : <u>660</u> m

❶ 민주네 집에서 도서관을 거쳐 송이네 집까지의 거리가 613m입니다. 도서관
에서 송이네 집까지의 거리는 몇 m입니까?

식 : _____　　　답 : _____ m

❷ 혜주네 집에서 출발하여 도서관과 학교를 거쳐 민주네 집에 가려고 합니다. 모
두 몇 m를 가야 합니까?

식 : _____　　　답 : _____ m

바르게 계산하기

● 어떤 수를 □를 사용한 식으로 나타내고 구하시오.

어떤 수에 286을 더하였더니 756이 되었습니다. 어떤 수는 얼마입니까?

식 : $\square + 286 = 756$ 어떤 수 : 470

❶ 어떤 수에 305를 더하였더니 754가 되었습니다. 어떤 수는 얼마입니까?

식 : _____   어떤 수 : _____

❷ 892에서 어떤 수를 뺐더니 453이 되었습니다. 어떤 수는 얼마입니까?

식 : _____   어떤 수 : _____

❸ 어떤 수에서 191을 빼면 285입니다. 어떤 수는 얼마입니까?

식 : _____   어떤 수 : _____

❹ 761과 어떤 수의 합은 980입니다. 어떤 수는 얼마입니까?

식 : _____   어떤 수 : _____

❺ 어떤 수와 125의 차는 451입니다. 어떤 수는 얼마입니까?

식 : _____   어떤 수 : _____

✤ 바르게 계산하고, 잘못 계산된 결과와의 차가 얼마인지 구하시오.

어떤 수에서 268을 빼야 하
는데 잘못하여 268을 더했더
니 702가 나왔습니다.

식 : $\square+268=702$

어떤 수 : 434

바른 계산 : $434-268=166$

차 : $702-166=536$

❶ 어떤 수에 156을 더해야 하
는데 잘못하여 156을 뺐더니
243이 나왔습니다.

식 :

어떤 수 :

바른 계산 :

차 :

❷ 어떤 수에서 312를 빼아 하
는데 잘못하여 312를 더했더
니 648이 되었습니다.

식 :

어떤 수 :

바른 계산 :

차 :

1 과수원에서 이틀 동안 딴 사과의 개수를 바르게 고치시오.

> 지우네 과수원에서 어제는 사과를 **326**개 따고, 오늘은 **168**개를 따서, 이틀 동안 **810**개를 땄습니다.

2 **376**에서 어떤 수를 빼야 하는데 잘못하여 더했더니 **723**이 되었습니다. 바르게 계산하시오.

3 다음 표는 슈퍼마켓에서 어제와 오늘 판 빵과 우유의 개수입니다. 이틀 동안 빵과 우유 중 어느 것이 몇 개 더 팔렸습니까?

	어제	오늘
빵(개)	293	376
우유(개)	321	305

4 다음을 읽고 ■ 안의 수를 빈칸에 알맞게 써넣으시오.

강당에 [   ]명의 학생이 있었습니다. 강당에서 [   ]명의 학생이 나가고, 다시 [   ]명이 들어와서 처음보다 많은 [   ]명이 되었습니다.

676 879
234 437

MEMO

MEMO

사고셈

정답 및 해설
Guide Book

초등3 1호

세·네 자리 수의 덧셈과 뺄셈

NE능률

513 풍선 터뜨리기

● 두 수의 합을 어림하여 정수의 범위에 맞게 풍선 두 개를 터뜨리시오.

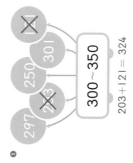

300+180=480

401~500

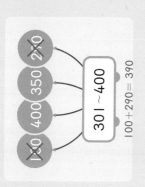

100+290=390

301~400

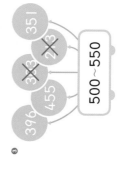

601~700

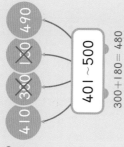

801~900

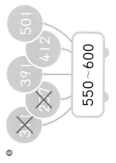

501~600

701~800

◆ 두 수의 합을 어림하여 정수의 범위에 맞게 풍선 두 개를 터뜨리시오.

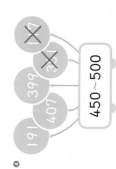

203+121=324

300~350

115+150=265

250~300

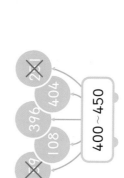

500~550

400~450

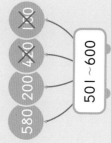

550~600

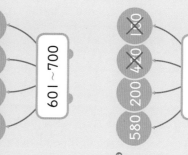

450~500

1 주차

514 수 카드 어림하기

● 수 카드 중 두 장을 사용하여 식을 완성합니다. 수를 어림하여 완성하세요.
예시 답안 이외에도 더하는 두 수를 바꾸어 식을 완성할 수 있습니다.

251	268	247

251 + 247 = 498
또는 247 + 251 = 498

② | 357 | 424 | 277 |

424 + 277 = 701

① | 192 | 410 | 390 |

192 + 410 = 602
또는 410 + 192 = 602

④ | 137 | 218 | 168 |

137 + 168 = 305

③ | 285 | 312 | 392 |

285 + 312 = 597

⑥ | 486 | 563 | 336 |

563 + 336 = 899

⑤ | 197 | 237 | 206 |

197 + 206 = 403

⑦ | 372 | 448 | 398 |

372 + 448 = 820

월 일

● 수 카드 중 세 장을 사용하여 식을 완성하세요.
예시 답안 이외에도 더하는 두 수를 바꾸어 식을 완성할 수 있습니다.

| 702 | 309 | 304 |
| 499 | 398 | |

304 + 398 = 702
또는 398 + 304 = 702

① | 897 | 1498 | 797 |
| 701 | 791 | |

797 + 701 = 1498
또는 701 + 797 = 1498

② | 601 | 1295 | 694 |
| 894 | 501 | |

601 + 694 = 1295

③ | 489 | 404 | 393 |
| 893 | 511 | |

489 + 404 = 893

④ | 801 | 192 | 983 |
| 891 | 182 | |

801 + 182 = 983

⑤ | 1105 | 508 | 701 |
| 604 | 597 | |

508 + 597 = 1105

덧셈 방법

515

● 여러 가지 방법의 덧셈 설명을 보고 □ 안에 알맞은 수를 써넣으시오.

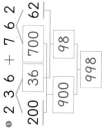

```
2 4 6 + 1 3 2
   300
   70
    8
   378
```

200과 100, 40과 30, 6과 2를 더한 다음, 그 결과를 모두 더합니다.

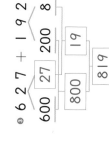

```
4 5 7 + 1 2 2
400  57  100  22
    500    79
      579
```

400과 100, 57과 22를 더한 다음, 그 결과를 더합니다.

```
2 6 7 + 1 9 2
       200    8
   467
   459
```

267에 200을 더한 다음, 그 결과에서 8을 뺍니다.

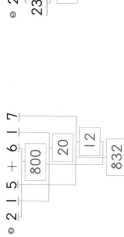

```
4 2 1 + 2 9 5
400  21  300  5
   700    16
      716
```

400과 300을 더하고 21에서 5를 뺀 다음, 그 결과를 더합니다.

● 여러 가지 방법으로 덧셈을 한 것입니다. □ 안에 알맞은 수를 써넣으시오.

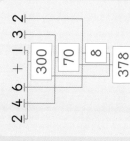

```
3 6 1 + 2 1 3
   500
   70
    4
   574
```

300과 200, 60과 10, 1과 3을 더한 다음, 그 결과를 모두 더합니다.

①
```
2 3 6 + 7 6 2
200  36  700  62
   900    98
      998
```

200과 700, 36과 62를 더한 다음, 그 결과를 더합니다.

②
```
4 3 5 + 2 9 3
       300    7
   735
   728
```

③
```
6 2 7 + 1 9 2
600  27  200  8
   800    19
      819
```

④
```
2 1 5 + 6 1 7
       800
       20
       12
      832
```

⑤
```
2 3 5 + 1 6 7
230   5  160  7
   390    12
      402
```

① 주차

516 가로 덧셈

● 여러 가지 방법으로 덧셈을 한 것입니다. □ 안에 알맞은 수를 써넣으시오.

153+414
=(100+ 400)+(50+ 10)+(3 +4)
= 500 +60+ 7 = 567

100과 400, 50과 10, 3과 4를 더한 다음, 그 결과를 모두 더합니다.

① 546+217
=(500+ 46)+(200 +17)
=(500+ 200)+(46+17)
= 700 + 63 = 763

500과 200, 46과 17을 더한 다음, 그 결과를 더합니다.

② 376+217
=(370+ 6)+(210 +7)
=(370+ 210)+(6+ 7)
= 580 + 13 = 593

370과 210, 6과 7을 더한 다음, 그 결과를 더합니다.

③ 636+198
=(600+ 36)+(200− 2)
=(600+ 200)+(36− 2)
= 800 + 34 = 834

600과 200을 더하고 36에서 2를 뺀 다음, 그 결과를 더합니다.

● 여러 가지 방법으로 덧셈을 한 것입니다. □ 안에 알맞은 수를 써넣으시오.

247+725=(200+ 700)+(40+ 20)+(7 +5)
= 900 +60+ 12 = 972

200과 700, 40과 20, 7과 5를 더한 다음, 그 결과를 모두 더합니다.

① 629+245=(600+ 29)+(200+ 45)
=(600+200)+(29 + 45)
= 800 + 74 = 874

600과 200, 29과 45를 더한 다음, 그 결과를 더합니다.

② 414+269=(410+ 4)+(260 +9)
=(410+ 260)+(4+ 9)
= 670 + 13 = 683

③ 512+295=(500+ 12)+(300− 5)
=(500+ 300)+(12− 5)
= 800 + 7 = 807

잘 공부했는지 알아봅시다

1 두 수의 합을 어림하여 더 가까운 수에 ○표 하시오.

①

285 + 273	500
	(550)

285 + 273 = 558

②

578 + 335	(900)
	950

578 + 335 = 913

2 두 수의 합을 어림하여 계산 결과가 작은 것부터 차례로 기호를 쓰시오.

ⓒ 624 + 196 820   ㉃ 385 + 303 688
㉄ 434 + 112 546   ㉁ 252 + 358 610

㉃ , ㉄ , ㉁ ,
ⓒ

3 여러 가지 덧셈 방법으로 계산한 것입니다. □ 안에 알맞은 수를 써넣으시오.

①

5 2 9 + 2 8 5

| 700 |
| 100 |
| 14 |

814

500과 200, 20과 80, 9과 5를 더한 다음, 그 결과를 모두 더합니다.

②

4 6 8 + 3 8 4

| 460 | 8 | 380 | 4 |
| 840 | | 12 | |

852

460과 380, 8과 4를 더한 다음, 그 결과를 더합니다.

1 주차

P. 16

517 세로 덧셈

● □ 안에 알맞은 수를 써넣으시오.

①

	3	6	4
+	1	7	2
			6

➡

	3	6	4
+	1	7	2
		3	6

➡

	3	6	4
+	1	7	2
	5	3	6

②

	3	0	8
+	5	6	4
			2

➡

	3	0	8
+	5	6	4
		7	2

➡

	3	0	8
+	5	6	4
	8	7	2

③

	2	7	6
+	3	8	5
			1

➡

	2	7	6
+	3	8	5
		6	1

➡

	2	7	6
+	3	8	5
	6	6	1

④

	9	3	7
+	4	8	4
			1

➡

	9	3	7
+	4	8	4
		2	1

➡

	9	3	7
+	4	8	4
1	4	2	1

● 세로셈으로 고쳐 계산하시오.

276+142= 418

	2	7	6
+	1	4	2
	4	1	8

① 258+361= 619

	2	5	8
+	3	6	1
	6	1	9

② 436+392= 828

	4	3	6
+	3	9	2
	8	2	8

③ 547+134= 681

	5	4	7
+	1	3	4
	6	8	1

④ 173+418= 591

	1	7	3
+	4	1	8
	5	9	1

⑤ 675+849= 1524

	6	7	5
+	8	4	9
1	5	2	4

518 고치기

잘못 계산된 부분을 찾아 바르게 고치시오.

```
   2 7 6
 + 3 4 8
 ─────────
   8̶ X̶ 4
     6 2
```

①
```
   7 4 6
 + 1 9 5
 ─────────
   8̶ 3̶ 1
     9 4
```

②
```
   5 7 6
 + 2 5 5
 ─────────
   7̶ 2̶ 1
     8 3
```

③
```
   8 3 9
 + 4 8 4
 ─────────
 1̶ 2̶ X̶ 3
     3 2
```

④
```
   7 6 1
 + 5 9 6
 ─────────
 1 2 5 7
     3
```

⑤
```
   3 4 7
 + 2 8 2
 ─────────
   5̶ 2̶ 9
     6
```

⑥
```
   4 3 8
 + 2 4 5
 ─────────
   6 7 3
     8
```

⑦
```
   6 1 7
 + 3 8 8
 ─────────
   9̶ 9̶ 5
 1 0 0
```

⑧
```
   6 6 6
 + 7 5 3
 ─────────
   8̶ 1̶ 9
     9
```

⑨
```
   2 7 4
 + 8 0 7
 ─────────
 1 0 7 1
     8
```

⑩
```
   3 2 8
 + 9 9 3
 ─────────
 1 2 X̶ 1
     3 2
```

받아올림한 수를 빼뜨리고 계산하는 경우가 종종 있습니다.

계산이 익숙해질 때까지 받아올림한 수를 기록하여 계산하도록 하는 것도 실수를 줄이는 하나의 방법입니다.

✚ 틀린 답을 찾아 바르게 고치시오.

```
   3 7 6      4 6 5      4 2 9
 + 2 5 3    + 1 2 9    + 7 8 7
 ─────────  ─────────  ─────────
   6 2 9      5̶ 8̶ 4    1 2 1 6
              5 9 4
```

①
```
   1 2 8      7 2 3      3 6 4
 + 2 6 7    + 1 9 2    + 4 5 3
 ─────────  ─────────  ─────────
   3 9 5      9 1 5      8 1 7
   2̶ 1̶ 1
   1 2 2 1
```

②
```
   2 9 1      3 2 2      5 3 7
 + 6 3 9    + 4 8 7    + 7 8 5
 ─────────  ─────────  ─────────
   9 3 0      7̶ 0̶ 9    1 3 2 2
              8 0 9
   6 2 5
 + 2 6 9
 ─────────
   8 9 4
```

③
```
   9 3 5      7 7 3      1 4 2
 + 4 8 8    + 2 1 8    + 7 8 1
 ─────────  ─────────  ─────────
 1 4 2 3      9 9 1      9 2 3
   6 3 4
 + 1 9 7
 ─────────
   8̶ 2̶ 1
     8 3 1
```

② 주차

519 체인지셈

● 색칠된 두 숫자를 바꾸어 계산하시오.

```
  2 1 5        2 7 5
+ 3 6 7   →  + 3 6 1
  5 8 2        6 3 6
```
1과 7의 자리
를 서로 바꾸어
식을 만듭니다. 2 7 5
           + 3 6 1

```
❶ 3 2 9        3 7 9
+ 7 4 9   →  + 2 4 9
  1 0 7 8      6 2 8
```
2와 7의 자리
를 서로 바꾸어
식을 만듭니다. 3 7 9
            + 2 4 9

```
❷ 7 8 2        7 8 1
+ 1 6 3   →  + 2 6 3
  9 4 5        1 0 4 4
```

```
❸ 2 7 5        6 7 5
+ 5 1 6   →  + 5 1 2
  7 9 1        1 1 8 7
```

```
❹ 6 6 7        6 6 1
+ 3 1 5   →  + 3 7 5
  9 8 2        1 0 3 6
```

```
❺ 9 2 7        9 8 7
+ 1 3 8   →  + 1 3 2
  1 0 6 5      1 1 1 9
```

```
❻ 4 6 7        4 3 7
+ 3 9 1   →  + 6 9 1
  8 5 8        1 1 2 8
```

```
❼ 4 9 3        4 9 5
+ 2 5 6   →  + 2 3 6
  7 4 9        7 3 1
```

● 다음 식은 숫자 두 개가 바뀐 것입니다. 바뀐 숫자에 ○표 하고 바르게 고치시오.

```
  1 ⑦ 5        1 3 5
+ 2 4 ③   →  + 2 4 7
  3 8 2        3 8 2
```

```
❶ 8 4 ③        8 4 8
+ 1 ⑧ 6   →  + 1 3 6
  9 8 4        9 8 4
```
일의 자리 계산에서 합이 4 또는 14가
되는 두 수를 찾아봅니다.

```
❷ 8 9 3        2 9 3
+ 5 4 ②   →  + 5 4 8
  8 4 1        8 4 1
```
일의 자리 수의 계산에서 합이 2 또는
12가 되는 두 수를 찾아봅니다.

```
❸ 3 ④ 7        3 2 7
+ ② 9 1   →  + 4 9 1
  8 1 8        8 1 8
```

```
❹ 9 5 3        1 5 3
+ 4 ① 7   →  + 4 9 7
  6 5 0        6 5 0
```

```
❺ 3 5 9        3 0 9
+ 2 4 ⓪   →  + 2 4 5
  5 5 4        5 5 4
```

```
❻ 4 6 ②        4 6 5
+ ⑤ 8 3   →  + 2 8 3
  7 4 8        7 4 8
```

```
❼ 2 3 ⑦        2 3 4
+ 1 ④ 8   →  + 1 7 8
  4 1 2        4 1 2
```

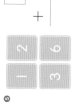

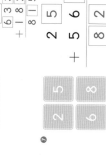

520 숫자 카드 벌레셈

● 다음 빈칸에 알맞은 수를 써넣으시오.

```
  2 7 4
- 1 7 6
  4 5 0
```

①
```
    6 9 1
  +   2 7
    8 □ 8
```

②
```
    5 □ 5
  + 4 5 8
    9 7 3
```

③
```
  □ 2 8
  7 9 4
  9 2 2
```

④
```
    8 □ 9
  + 5 9 3
    4 □ 2
```

⑤
```
    4 3 □
  + 2 8 8
    7 □ 9
```

⑥
```
    2 2 3
    9 9 8
    1 2 □
```

⑦
```
    3 8 2
  + 5 7 8
    9 6 0
```

⑧
```
    4 2 7
  + 3 3 5
    7 6 2
```

⑨
```
    3 2 5
  + 5 3 6
    8 6 □
```

⑩
```
    7 5 3
  + 1 7 9
    9 3 2
```

⑪
```
    4 7 □
  + 2 5 6
    7 2 7
```

♣ 숫자 카드를 한 번씩 모두 사용하여 덧셈식을 완성하시오.

```
  1 5 3
  2 4 8
+ 4 0 1
```
```
  1 5 8
+ 2 4 3
  4 0 1
```

예시 답안 이외에도 십의 자리 숫자끼리, 일의
자리 숫자끼리 바꾸어 식을 완성할 수 있습니다.

●
```
  3 5 4
- 1 9 2
  5 4 6
```
```
  3 9 4
+ 1 5 2
  5 4 6
```

③
```
  5 6 2
+ 3 6 9
  9 3 1
```

⑤
```
  6 3 2
- 1 8 3
  8 1 5
```
```
  6 3 3
+ 1 8 2
  8 1 5
```

⑦
```
  2 5 6
+ 5 6 6
  8 2 2
```

②
```
    4 2 9
  + 1 4 5
    5 7 4
```

④
```
    3 4 4
    9 7 8
    1 3 2
```

⑥
```
    6 2 3
  + 2 4 7
    8 7 0
```

② 주차

잘 공부했는지 알아봅시다

1 오른쪽 계산식에서 □ 안의 숫자 1이 실제로 나타내는 수는 각각 얼마입니까?

```
  ㉠ ㉡
  1 1
  3 3 9
+ 5 8 4
  9 2 3
```

㉠ : 100   ㉡ : 10

십의 자리로 받아올림한 숫자 1은 실제로는 10을, 백의 자리로 받아올림한 숫자 1은 실제로는 100을 나타냅니다.

2 □ 안에 알맞은 숫자를 써넣으시오.

❶
```
  2 1 7
+ 6 4 6
  8 6 3
```

❷
```
  5 6 8
+ 4 6 3
1 0 3 1
```

3 숫자 카드를 모두 한 번씩 사용하여 덧셈식을 완성하시오.

```
  5 7 8
+ 1 8 2
  7 6 0
```

521 풍선 터뜨리기

● 두 수의 차를 어림하여 점수의 범위에 맞게 풍선 두 개를 터뜨리시오.

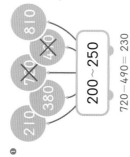

250-100=150

101~200

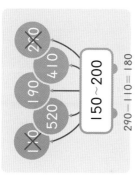

201~300

610-320=290

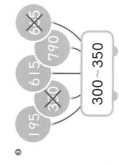

301~400

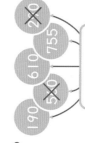

401~500

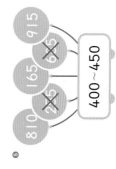

501~600

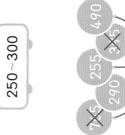

601~700

● 두 수의 차를 어림하여 점수의 범위에 맞게 풍선 두 개를 터뜨리시오.

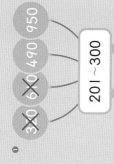

290-110=180

150~200

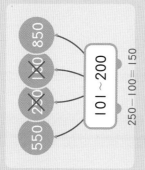

720-490=230

200~250

250~300

300~350

350~400

400~450

③ 주차

522 수 카드 어림하기

● 수 카드 중 두 장을 사용하여 식을 완성하시오. 수를 어림하여 완성합니다.

114　612　113

$612 - 114 = 498$

② 410　510　111

$510 - 111 = 399$

④ 553　453　856

$856 - 553 = 303$

⑥ 876　776　242

$876 - 242 = 634$

① 799　502　302

$799 - 302 = 497$

③ 281　982　392

$982 - 281 = 701$

⑤ 283　753　183

$753 - 183 = 570$

⑦ 958　858　1487

$1487 - 958 = 529$

30

● 수 카드 중 세 장을 사용하여 식을 완성하시오.
예시 답안 이외에도 빼는 수와 계산 결과를 서로 바꾸어 식을 완성할 수 있습니다.

697　201　397

598　861

$598 - 201 = 397$

또는 $598 - 397 = 201$

① 698　933　752

358　394

$752 - 394 = 358$

또는 $752 - 358 = 394$

③ 498　604　106

398　118

$604 - 106 = 498$

또는 $604 - 498 = 106$

⑤ 812　912　693

219　319

$912 - 693 = 219$

또는 $912 - 219 = 693$

② 897　412　512

596　385

$897 - 385 = 512$

또는 $897 - 512 = 385$

④ 468　568　846

178　746

$746 - 178 = 568$

또는 $746 - 568 = 178$

뺄셈 모양

523

● 여러 가지 방법의 뺄셈 설명을 보고 □ 안에 알맞은 수를 써넣으시오.

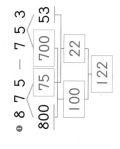

8 6 4 − 3 2 1
500 40 3
543

800에서 300, 60에서 20, 4에서 1을 뺀 다음 그 결과를 모두 더합니다.

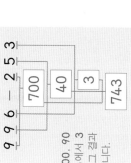

① 7 3 5 − 4 1 3
700 35 400 13
300 22
322

700에서 400, 35에서 13을 뺀 다음, 그 결과를 더합니다.

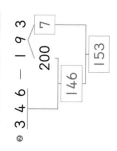

③ 6 8 3 − 1 9 8
600 83 200 2
400 85
485

600에서 200을 빼고 83에 2를 더한 다음, 그 결과를 더합니다.

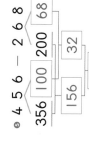

② 5 7 2 − 1 9 5
200 5
372
377

572에서 200을 뺀 다음, 그 결과에 5를 더합니다.

● 여러 가지 방법으로 뺄셈을 한 것입니다. □ 안에 알맞은 수를 써넣으시오.

① 8 7 5 − 7 5 3
800 75 700 53
100 22
122

800에서 700, 75에서 53을 뺀 다음, 그 결과를 더합니다.

③ 5 8 6 − 3 9 7
500 86 400 3
100 89
189

⑤ 4 5 6 − 2 6 8
356 100 200 68
156 32
188

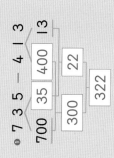

9 9 6 − 2 5 3
700 40 3
743

900에서 200, 90에서 50, 6에서 3을 뺀 다음, 그 결과를 모두 더합니다.

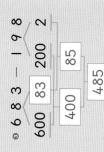

② 3 4 6 − 1 9 3
200 7
146
153

④ 8 6 4 − 5 5 1
300 10 3
313

P. 34 ● P. 35

사고셈 | 정답 및 해설

③ 주차

524 가로 빼셈

● 여러 가지 방법으로 뺄셈을 한 것입니다. □ 안에 알맞은 수를 써넣으시오.

895−561
=800+90+5−500−60−1
=(800−500)+(90−60)+(5−1)
=300+30+4=334

> 800에서 500, 90에서 60, 5에서 1을 뺀 다음, 그 결과를 모두 더합니다.

❶ 536−327
=500+36−300−27
=(500−300)+(36−27)
=200+9=209

> 500에서 300, 36에서 27을 뺀 다음, 그 결과를 더합니다.

❸ 727−398
=700+27−400+2
=(700−400)+(27+2)
=300+29=329

> 700에서 400을 빼고 27에 2를 더한 다음, 그 결과를 더합니다.

❷ 638−213
=638−200−13
=(638−200)−13
=438−13=425

> 638에서 200을 뺀 다음, 그 결과에서 13을 뺍니다.

● 여러 가지 방법으로 뺄셈을 한 것입니다. □ 안에 알맞은 수를 써넣으시오.

455−243=400+50+5−200−40−3
=(400−200)+(50−40)+(5−3)
=200+10+2=212

> 400에서 200, 50에서 40, 5에서 3을 뺀 다음, 그 결과를 모두 더합니다.

❶ 782−517=700+82−500−17
=(700−500)+(82−17)
=200+65=265

> 700에서 500, 82에서 17을 뺀 다음, 그 결과를 더합니다.

❷ 583−229=583−200−29
=(583−200)−29
=383−29=354

❸ 613−198=600+13−200+2
=(600−200)+(13+2)
=400+15=415

잘 공부했는지 알아봅시다

월 일

1 두 수의 차가 ▭ 안의 수와 가장 가까운 두 수를 찾아 ○표 하시오.

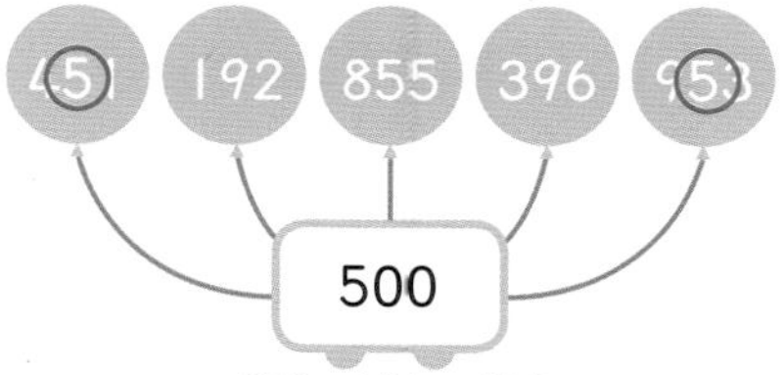

451
192
855
396
953
500

953−451=502

2 여러 가지 뺄셈 방법으로 계산한 것입니다. □ 안에 알맞은 수를 써넣으시오.

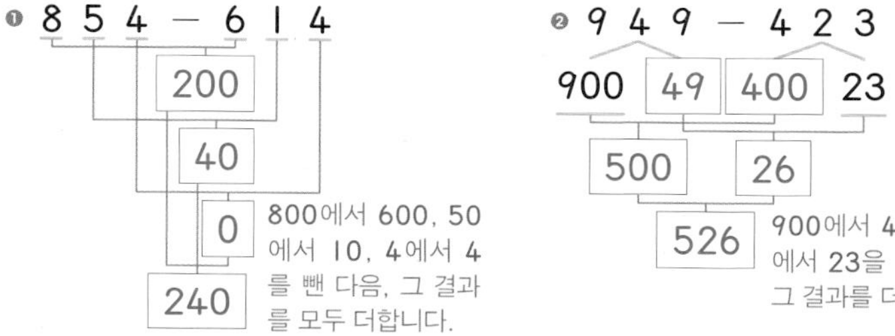

❶ 8 5 4 − 6 1 4
200
40
0
240
❷ 9 4 9 − 4 2 3
900
49
400
23
500
26
526

800에서 600, 50에서 10, 4에서 4를 뺀 다음, 그 결과를 모두 더합니다.

900에서 400, 49에서 23을 뺀 다음, 그 결과를 더합니다.

3 196이 200보다 4 작은 수임을 이용하여 493−196을 계산하였습니다. 같은 방법으로 다음 뺄셈을 하시오.

493−196 =493−200+4 =293+4=297	842−492 =842−500+8 =342+8=350

842에서 492보다 8 큰 수인 500을 뺀 다음, 다시 8을 더합니다.

④ 주차

525 세로 뺄셈

□ 안에 알맞은 수를 써넣으시오.

$$\begin{array}{r} 6\ 4\ 5 \\ -\ 3\ 5\ 3 \\ \hline 2 \end{array} \;\rightarrow\; \begin{array}{r} {}^{5}{}^{10} \\ \cancel{6}\ 4\ 5 \\ -\ 3\ 5\ 3 \\ \hline 9\ 2 \end{array} \;\rightarrow\; \begin{array}{r} {}^{5}{}^{10} \\ \cancel{6}\ 4\ 5 \\ -\ 3\ 5\ 3 \\ \hline 2\ 9\ 2 \end{array}$$

①
$$\begin{array}{r} 9\ 4\ 6 \\ -\ 4\ 1\ 7 \\ \hline 9 \end{array} \;\rightarrow\; \begin{array}{r} {}^{3}{}^{10} \\ 9\ \cancel{4}\ 6 \\ -\ 4\ 1\ 7 \\ \hline 2\ 9 \end{array} \;\rightarrow\; \begin{array}{r} {}^{3}{}^{10} \\ 9\ \cancel{4}\ 6 \\ -\ 4\ 1\ 7 \\ \hline 5\ 2\ 9 \end{array}$$

②
$$\begin{array}{r} 4\ 2\ 2 \\ -\ 2\ 8\ 5 \\ \hline 7 \end{array} \;\rightarrow\; \begin{array}{r} {}^{1}{}^{10} \\ 4\ \cancel{2}\ 2 \\ -\ 2\ 8\ 5 \\ \hline 3\ 7 \end{array} \;\rightarrow\; \begin{array}{r} {}^{3}{}^{11}{}^{10} \\ \cancel{4}\ \cancel{2}\ 2 \\ -\ 2\ 8\ 5 \\ \hline 1\ 3\ 7 \end{array}$$

③
$$\begin{array}{r} 5\ 9\ 6 \\ -\ 5\ 1\ 6 \\ \hline 5 \end{array} \;\rightarrow\; \begin{array}{r} {}^{4}{}^{10} \\ \cancel{5}\ 9\ 6 \\ -\ 5\ 1\ 6 \\ \hline 7\ 5 \end{array} \;\rightarrow\; \begin{array}{r} {}^{14}{}^{14}{}^{10} \\ \cancel{7}\ \cancel{5}\ 6 \\ -\ 9\ 7\ 6 \\ \hline 5\ 7\ 5 \end{array}$$

⊙ 세로셈으로 고쳐 계산하시오.

539 − 243 = 296
$$\begin{array}{r} 5\ 3\ 9 \\ -\ 2\ 4\ 3 \\ \hline 2\ 9\ 6 \end{array}$$

❶ 773 − 481 = 292
$$\begin{array}{r} 7\ 7\ 3 \\ -\ 4\ 8\ 1 \\ \hline 2\ 9\ 2 \end{array}$$

❷ 857 − 595 = 262
$$\begin{array}{r} 8\ 5\ 7 \\ -\ 5\ 9\ 5 \\ \hline 2\ 6\ 2 \end{array}$$

❸ 527 − 318 = 209
$$\begin{array}{r} 5\ 2\ 7 \\ -\ 3\ 1\ 8 \\ \hline 2\ 0\ 9 \end{array}$$

❹ 751 − 538 = 213
$$\begin{array}{r} 7\ 5\ 1 \\ -\ 5\ 3\ 8 \\ \hline 2\ 1\ 3 \end{array}$$

❺ 558 − 279 = 279
$$\begin{array}{r} 5\ 5\ 8 \\ -\ 2\ 7\ 9 \\ \hline 2\ 7\ 9 \end{array}$$

526 고치기

● 잘못 계산된 부분을 찾아 바르게 고치시오.

```
    9 0 8
  - 3 4 6
  -------
    6̶ 6̶ 2
      5
```

❷
```
    3 6 7
  - 1 7 4
  -------
    2 9 3
        1
```

❸
```
  1 6 3 6
  - 8 5 8
  -------
    8̶ 8̶ 8
        7 7
```

❹
```
    3 7 4
  - 1 9 6
  -------
    2 7 8
        1
```

❺
```
    4 6 4
  - 3 1 9
  -------
    1 5̶ 5
        4
```

❻
```
  1 2 4 3
  - 3 6 9
  -------
    9̶ 8̶ 4
        8 7
```

❼
```
    9 4 3
  - 7 8 2
  -------
    2 6 1
        1
```

❽
```
    8 1 5
  - 5 1 6
  -------
    3̶ 0̶ 9
        2 9
```

❿
```
    5 2 8
  - 2 3 4
  -------
    3̶ 9̶ 4
        2
```

⓫
```
  1 0 6 3
  - 6 4 5
  -------
    4 2̶ 8
        1
```

❾
```
    7 5 1
  - 4 9 7
  -------
    3̶ 4̶ 4
        2 5
```

받아내림한 수를 빼뜨리고 계산하는 경우가 종종 있습니다. 계산이 익숙해질 때까지 받아내림한 수를 기록하여 계산하도록 하는 것도 실수를 줄이는 하나의 방법입니다.

● 틀린 답을 찾아 바르게 고치시오.

❶
```
    6 5 9
  - 2 6 8
  -------
    3 9 1
```
```
    6 4 1
  - 4 2 5
  -------
    2 1 6
```
```
  1 2 0 2
  - 5 7 3
  -------
    7̶ 3̶ 9
        6 2
```
```
    4 9 7
  - 2 9 9
  -------
    1 9 8
```

❶
```
  1 1 0 4
  - 7 3 5
  -------
    3 6 9
```
```
    9 8 7
  - 1 2 9
  -------
    8 5 8
```
```
    6 2 2
  - 3 6 7
  -------
    3̶ 5̶ 5
        2
```
```
    3 4 5
  - 1 6 4
  -------
    1 8 1
```

❷
```
  6 8 8 6
  - 4 9 3
  -------
    2̶ 9 3
        1
```
```
  1 2 3 4
  - 9 6 5
  -------
    2 6 9
```
```
    6 7 0
  - 4 9 9
  -------
    1 7 1
```
```
    5 4 5
  - 2 1 8
  -------
    3 2 7
```

❸
```
    8 3 2
  - 5 1 7
  -------
    3 1 5
```
```
    4 7 7
  - 2 8 9
  -------
    1 8 8
```
```
    7 0 4
  - 5 8 1
  -------
    1 2 3
```
```
  1 6 1 3
  - 8 3 7
  -------
    7̶ 8̶ 6
        7
```

④ 주차

527

체인지셈

● 색칠된 두 숫자를 바꾸어 계산하시오.

8 7 3
− 2 8 2
———
5 9 1

→

8 2 3
− 2 8 7
———
5 3 6

7과 2의 자리를 서로 바꾸어 식을 만듭니다.

2
5 9 2
− 3 9 1
———
2 0 1

→

5 1 2
− 3 9 9
———
1 1 3

3 7 3
− 1 9 8
———
1 7 5

→

3 3 7
− 1 9 8
———
1 3 9

5 6 3
− 2 9 1
———
2 7 2

→

5 1 3
− 2 9 6
———
2 1 7

1
1 6 3 9
− 7 2 5
———
9 1 4

→

1 6 3 2
− 7 9 5
———
8 3 7

9와 2의 자리를 서로 바꾸어 식을 만듭니다. 1 6 3 2 → 7 9 5

3
8 4 9
− 5 6 5
———
2 8 4

→

8 6 9
− 5 4 5
———
3 2 4

5
1 3 8 7
− 6 9 1
———
7 6 8

→

1 3 8 7
− 6 9 1
———
6 9 6

7
9 7 5
− 4 8 3
———
4 9 2

→

9 3 5
− 4 8 7
———
4 4 8

● 다음 식은 숫자 두 개가 바뀐 것입니다. 바뀐 숫자에 ○표 하고 바르게 고치시오.

7 ③ ①
− 4 ⑤ ⑦
———
3 1 8

→

7 3 5
− 4 1 7
———
3 1 8

3과 7의 자리를 서로 바꾸어도 됩니다.

1
1 ⑦ 4 6
− 5 8 ③
———
7 5 9

→

1 3 4 6
− 5 8 7
———
7 5 9

2
4 5 ②
− ⑧ 7 1
———
1 8 7

→

4 5 8
− 2 7 1
———
1 8 7

3
8 5 4
− ② 6 ③
———
4 9 2

→

8 5 4
− 3 6 2
———
4 9 2

4
1 ⑤ 6 7
− ④ 3 8
———
9 0 9

→

1 3 6 7
− 4 5 8
———
9 0 9

6과 4의 자리를 서로 바꾸어도 됩니다.

5
9 ② ⑤
− ④ 3 ⑧
———
3 8 6

→

9 2 4
− 5 3 8
———
3 8 6

9와 8의 자리를 서로 바꾸어도 됩니다.

6
4 ⑤ 3
− 1 ⑥ ②
———
2 5 8

→

4 2 3
− 1 6 5
———
2 5 8

7
9 ⑧ 4
− ② ⑥ 3
———
3 9 1

→

6 8 4
− 2 9 3
———
3 9 1

8과 2의 자리를 서로 바꾸어도 됩니다.

528 숫자 카드 벌레셈

● 다음 빈칸에 알맞은 수를 써넣으시오.

【보기】
```
   3 9 2
 - 1 9 5
 -------
   1 9 7
```

①
```
   6 5 5
 - 4 7 3
 -------
   1 8 2
```

②
```
   4 6 0
 - 2 4 6
 -------
   2 1 4
```

③
```
   8 1 5
 - 3 3 7
 -------
   4 7 8
```

④
```
  1 2 8 8
 -  5 8 9
 --------
    6 9 9
```

⑤
```
   9 4 3
 - 6 6 5
 -------
   2 7 8
```

⑥
```
   5 1 7
 - 3 0 9
 -------
   2 0 8
```

⑦
```
   9 7 2
 - 2 9 1
 -------
   6 8 1
```

⑧
```
  1 1 8 8
 -  3 7 9
 --------
    8 0 9
```

⑨
```
  1 5 3 6
 -  7 4 4
 --------
    7 9 2
```

⑩
```
   7 6 1
 - 2 9 3
 -------
   4 6 8
```

● 숫자 카드를 한 번씩 모두 사용하여 뺄셈식을 완성하시오.

【보기】 숫자 카드: 3 5 / 7 8
```
   5 2 7
 - 3 4 1
 -------
   1 8 6
```

① 숫자 카드: 2 6 / 7 9
```
  1 2 6 7
 -  5 9 8
 --------
    6 6 9
```

② 숫자 카드: 2 3 / 5 6
```
   3 6 1
 - 2 2 5
 -------
   1 3 6
```

③ 숫자 카드: 1 3 / 4 5
```
   8 4 3
 - 5 2 7
 -------
   3 1 6
```

④ 숫자 카드: 2 7 / 5 8
```
   7 4 5
 - 2 6 3
 -------
   4 8 2
```

⑤ 숫자 카드: 0 1 / 3 9
```
  1 1 0 8
 -  7 2 9
 --------
    3 7 9
```

⑥ 숫자 카드: 2 5 / 5 8
```
   8 4 5
 - 6 2 7
 -------
   2 1 8
```

⑦ 숫자 카드: 3 6 / 7 5
```
   6 5 2
 - 3 8 7
 -------
   2 6 5
```

④ 4 주차

잘 공부했는지 알아봅시다

월 일

1 다음 계산을 하시오.

```
①    6 4 4        ②    5 8 1        ③    1 4 0 3
   -  4 9 7          -  1 3 4          -   7 6 5
   ────────          ────────          ──────────
     1 4 7            4 4 7              6 3 8
```

2 숫자 카드 중 네 장을 사용하여 뺄셈식을 완성하시오.

[2] [3] [4]

[6] [8]

```
    8 4 2
  - 3 5 6
  ───────
    4 8 6
```

3 다음 식은 숫자 두 개가 바뀐 것입니다. 바뀐 숫자에 ○표 하고 바르게 고치시오.

```
①   7 5①              7 1 5
  - 2 8 9    →      - 2 8 9
  ────────          ────────
    4 2 6            4 2 6
```

```
②   ⑨ 6 2              7 6 2
  - 5 4 ⑦    →      - 5 4 9
  ────────          ────────
    2 1 3            2 1 3
```

46

관계셈

529

● 덧셈식을 보고 뺄셈식을, 뺄셈식을 보고 덧셈식을 만드시오.

① 217 + 324 = 541
541 − [217] = 324
541 − [324] = 217

② 352 + 298 = 650
650 − [352] = 298
650 − [298] = 352

③ 574 − 305 = 269
305 + [269] = 574
269 + [305] = 574

⑤ 441 − 279 = 162
279 + [162] = 441
162 + [279] = 441

① 466 + 157 = 623
623 − [466] = 157
623 − [157] = 466

③ 145 + 285 = 430
430 − [145] = 285
430 − [285] = 145

④ 792 − 557 = 235
557 + [235] = 792
235 + [557] = 792

⑥ 927 − 623 = 304
623 + [304] = 927
304 + [623] = 927

덧셈식 (부분) + (부분) = (전체)를 (전체) − (한 부분) = (다른 부분)으로 하여 뺄셈식으로 나타낼 수 있습니다.

뺄셈식 (전체) − (한 부분) = (다른 부분)은 (한 부분) + (다른 부분) = (전체)로 하여 덧셈식으로 나타낼 수 있습니다.

● □ 안에 알맞은 수를 써넣으시오.

⊕ 309 + 465 = 774 ↔ 774 − 465 = 309

① 126 + 521 = 647 ↔ 647 − 521 = 126

② 228 + 187 = 415 ↔ 415 − 187 = 228

③ 147 + 206 = 353 ↔ 353 − 206 = 147

④ 191 + 615 = 806 ↔ 806 − 615 = 191

⑤ 224 + 364 = 588 ↔ 588 − 364 = 224

⑥ 504 + 408 = 912 ↔ 912 − 408 = 504

⑤ 주차

530 계단셈

● 빈칸에 알맞은 수를 써넣으시오.

391+517=908

237+154=391

| 237 → +154 | 391 → +517 | 908 |

② 564 → +185 → 749
303 → +261

③ 519 → +118 → 637
169 → +350

④ 622 → +364 → 986
448 → +174

434+359=793

114+320=434

| 114 → +320 | 434 → +359 | 793 |

③ 434 → +127 → 561
285 → +149

⑤ 737 → +158 → 895
531 → +206

⑦ 735 → +105 → 840
397 → +338

빈칸에 알맞은 수를 써넣으시오.

748−194=554

554−231=323

| 748 | −194 → 554 | −231 → 323 |

③ 884 −459 → 425 −136 → 289

⑤ 714 −385 → 329 −263 → 66

⑦ 597 −142 → 455 −278 → 177

632−179=453

453−185=268

| 632 | −179 → 453 | −185 → 268 |

② 946 −168 → 778 −557 → 221

④ 620 −273 → 347 −144 → 203

⑥ 825 −267 → 558 −509 → 49

531　도형 안의 수

● 같은 모양의 도형 안에 있는 수의 합을 구하시오.

256　517　396
474　424　314

삼각형 : 517+424 = 941
사각형 : 256+314 = 570
원 : 396+474 = 870

❶

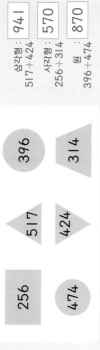

372　608　281
196　157　410

삼각형 : 782
사각형 : 804
원 : 438

❷

401　292　115
563　187　614

삼각형 : 302
사각형 : 906
원 : 964

● 같은 모양의 도형 안에 있는 수의 차를 구하시오.

661　112　845
293　180　567

삼각형 : 845-112 = 733
사각형 : 567-293 = 274
원 : 661-180 = 481

❶

404　266　811
929　763　600

삼각형 : 166
사각형 : 407
원 : 334

❷

581　936　750
373　108　124

삼각형 : 457
사각형 : 563
원 : 642

532 약속셈

● 약속에 맞게 계산한 것입니다. 빈칸에 알맞은 수를 써넣으시오.

①

약속

271●214
= 271 + 214 + 214
= 699

136◉108
= 136 + 108 + 108
= 352

②

약속

648●257
= 648 - 257 - 257
= 134

871◉329
= 871 - 329 - 329
= 213

③

약속

406▲532
= 406 + 406 - 532
= 280

350△174
= 350 + 350 - 174
= 526

335◇186
= 335 + 335 + 186
= 856

197◇241
= 197 + 197 + 241
= 635

● 약속에 맞게 계산하시오.

① 약속

951■417 = 117
951 - 417 - 417

663●184 = 295
663 - 184 - 184

② 약속

537◉223 = 983
537 + 223 + 223

168◉294 = 756
168 + 294 + 294

③ 약속

348▲509 = 187
348 + 348 - 509

295△428 = 162
295 + 295 - 428

④ 약속

386◉145 = 676
386 + 145 + 145

661◉128 = 917
661 + 128 + 128

⑤ 약속

779●261 = 257
779 - 261 - 261

948●376 = 196
948 - 376 - 376

잘 공부했는지 알아봅시다

월   일

1 □ 안에 알맞은 수를 써넣으시오.

❶ 653− 218 =435 ⟷ 218+ 435 =653

❷ 864− 126 =738 ⟷ 126+ 738 =864

2 다음 빈칸에 알맞은 수를 써넣으시오.

(전체) − (한 부분) = (다른 부분)을 (부분) + (부분) = (전체)로
하여 덧셈식으로 나타낼 수 있습니다. ❶ 653 − 218 = 435에서
전체는 653이고 부분은 218과 435입니다

| 769 | −272 | 497 | +133 | 630 |

769−272=497   497+133=630

3 다음에서 설명하는 ㉮과 ㉯의 합은 얼마입니까? **701**

㉮ 100이 1개, 10이 16개, 1이 26개
㉯ 100이 2개, 10이 20개, 1이 15개

㉮ 286   ㉯ 415
㉮+㉯=286+415=701

4 ●를 다음과 같이 약속할 때 574●367을 계산하시오. **781**

약속
㉮●㉯=㉮+㉮−㉯

574●367=574+574−367=781

P. 56

사고셈 | 정답 및 해설

5주차

56

⑥ 주차

어림하기

533

● 몇백으로 어림하여 계산한 다음, 실제 값과의 차를 구하시오.

215+382

어림한 값	600	200+400
실제 값	597	215+382
차	3	600-597

몇백으로 어림하면 215는 200, 382는 400입니다.

❷ **178+526**

어림한 값	700
실제 값	704
차	4

❹ **479+291**

어림한 값	800
실제 값	770
차	30

❻ **786-403**

어림한 값	400
실제 값	383
차	17

몇백으로 어림하면 786은 800, 403은 400입니다.

❼ **824-675**

어림한 값	100
실제 값	149
차	49

❽ **696-382**

어림한 값	300
실제 값	314
차	14

● 몇백 몇십으로 어림하여 계산한 다음, 실제 값과의 차를 구하시오.

141+168

어림한 값	310	140+170
실제 값	309	141+168
차	1	310-309

몇백 몇십으로 어림하면 141은 140, 168은 170입니다.

❸ **612+237**

어림한 값	850
실제 값	849
차	1

❹ **338+489**

어림한 값	830
실제 값	827
차	3

❷ **548-276**

어림한 값	270
실제 값	272
차	2

몇백 몇십으로 어림하면 548은 550, 276은 280입니다.

❸ **891-458**

어림한 값	430
실제 값	433
차	3

❺ **726-567**

어림한 값	160
실제 값	159
차	1

월 일

534 대소셈

● ○ 안에 >, =, <를 알맞게 써넣은 다음, 빈칸에 계산 결과를 쓰고 확인하시오.

276+139 < 431
415

① 724-131 > 576
593

② 928-412 > 498
516

③ 132+344 = 476
476

④ 458+157 < 652
615

⑤ 801-678 < 143
123

⑥ 579-219 > 330
360

⑦ 442+336 > 769
778

⑧ 203+781 = 984
984

⑨ 917-445 < 490
472

◆ ○ 안에 >, =, <를 알맞게 써넣은 다음, 빈칸에 계산 결과를 쓰고 확인하시오.

852-370 = 264+218
482   482

① 109+179 > 477-201
288   276

② 433+193 < 879-152
626   727

③ 741-322 < 289+235
419   524

④ 670-211 > 276+130
459   406

⑤ 701+166 = 979-112
867   867

⑥ 187+395 > 809-262
582   547

⑦ 108+387 < 961-317
495   644

⑧ 356+133 > 134+188
489   322

⑨ 645-414 < 1267-831
231   436

⑥ 주차

535 합과 차

● 두 수의 합과 차를 빈칸에 써넣으시오.

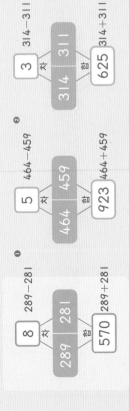

⓪ 8 차 289 281 289−281 합 570 289+281

❷ 5 차 464 459 464−459 합 923 464+459

❸ 3 차 314 311 314−311 합 625 314+311

❸ 6 차 173 167 합 340

❹ 2 차 260 258 합 518

❺ 9 차 507 498 합 1005

❻ 1 차 385 384 합 769

❼ 7 차 179 172 합 351

❽ 4 차 432 428 합 860

● 합과 차에 맞게 두 수를 구하여 큰 수부터 차례로 써넣으시오.

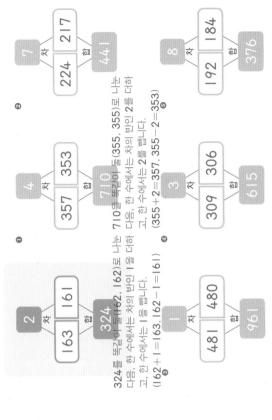

❶ 2 차 163 161 합 324

324를 똑같이 둘로 (162, 162)로 나눈 다음, 한 수에서는 차의 반인 1을 더하고, 한 수에서는 차의 반인 1을 뺍니다.
(162+1=163, 162−1=161)

❷ 4 차 357 353 합 710

710을 똑같이 둘로 (355, 355)로 나눈 다음, 한 수에서는 차의 반인 2를 더하고, 한 수에서는 차의 반인 2를 뺍니다.
(355+2=357, 355−2=353)

❸ 7 차 224 217 합 441

❹ 1 차 481 480 합 961

❺ 3 차 309 306 합 615

❻ 8 차 192 184 합 376

❼ 9 차 233 224 합 457

❽ 6 차 355 349 합 704

❾ 5 차 490 485 합 975

536 거꾸로셈

⊙ ○안에 + 또는 -를, □안에는 알맞은 수를 써넣으시오.

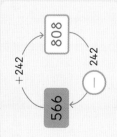

＋242 → 808 → − 242 → 566

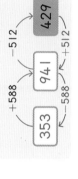

② −407 → 514 → ＋407 → 921

④ ＋213 → 901 → − 213 → 688

③ ＋259 → 642 → − 259 → 383

① −368 → 143 → ＋368 → 511

⑤ −581 → 179 → ＋581 → 760

거꾸로 계산하면 편리합니다. 거꾸로 계산할 때에는 덧셈은 뺄셈으로, 뺄셈은 덧셈으로 바꾸어 계산합니다.

⊙ 빈칸에 알맞은 수를 써넣으시오.

① 452 → ＋113 → 565 → ＋231 → 796
　 452 ← −113 ← 565 ← −231 ← 796

＋588 → 941 → −512 → 429
353 ← −588 ← 941 ← ＋512 ← 429

③ 295 → ＋435 → 730 → −264 → 466

② 762 → −169 → 593 → −328 → 265

⑤ 611 → −298 → 313 → ＋152 → 465

④ 547 → ＋105 → 652 → −472 → 180

⑦ 199 → ＋121 → 320 → ＋547 → 867

⑥ 324 → −186 → 138 → ＋611 → 749

6 주차

잘 공부했는지 알아봅시다

1 몇백으로 어림하여 계산한 다음, 실제 값과의 차를 구하시오.

❶

286+304	
어림한 값	600
실제 값	590
차	10

❷

987−594	
어림한 값	400
실제 값	393
차	7

2 빈칸에 알맞은 수를 써넣으시오.

936 −689→ 247 +266→ 513
936 +689← 247 −266←

778 +457→ 1235 −593→ 642
778 −457← 1235 +593←

3 ○ 안에 >, =, <를 알맞게 써넣으시오.

421−158 $<$ 253+196
263   449

4 ㉠과 ㉡을 각각 구하시오. ㉠=210, ㉡=200

㉠+㉡=410
㉠−㉡=10

66

537 주사위의 큰 합

● 계산 결과에 맞게 □ 안에 주사위의 눈의 수를 한 번씩 써넣으시오.

예시 답안 이외에도 같은 자리 숫자끼리 바꾸어 식을 완성할 수 있습니다.

```
  1 3 3
+ 2 4 6
-------
  3 7 9
```
1 3 6 / 2 4 3 / 3 7 9
2 4 6 / 1 3 3 / 3 7 9

②
```
  2 2 6
+ 4 5 3
-------
  6 7 9
```

③
```
  5 3 4
+ 2 1 6
-------
  7 5 0
```

①
```
  1 5 1
+ 2 3 4
-------
  3 8 5
```
1 5 4 / 2 3 1 / 3 8 5
1 3 4 / 2 5 1 / 3 8 5

③
```
  1 3 5
+ 6 4 5
-------
  7 8 0
```
3 1 5 / 4 6 5 / 7 8 0

⑤
```
  3 2 5
+ 5 6 2
-------
  8 8 7
```
2 3 5 / 6 5 2 / 8 8 7

계산 결과가 가장 큰 덧셈식을 만들 때에는 큰 숫자부터 높은 자리에 적습니다.

● 계산 결과가 가장 크도록 주사위의 눈의 수를 한 번씩 써넣고, 합을 구하시오.

같은 자리 숫자끼리 바꾸어 식을 완성할 수 있습니다. 따라서 계산 결과가 맞으면 정답입니다.

①
```
  4 2 2
+ 3 2 1
-------
  7 4 3
```
3 2 2 / 4 2 1 / 7 4 3
4 2 1 / 3 2 2 / 7 4 3

③
```
  4 4 3
+ 4 3 2
-------
  8 7 5
```

⑤
```
  6 3 2
+ 5 2 1
-------
 1 1 5 3
```

②
```
  5 4 1
+ 4 3 1
-------
  9 7 2
```
5 3 1 / 4 4 1 / 9 7 2
4 3 1 / 5 4 1 / 9 7 2
4 4 1 / 5 3 1 / 9 7 2

②
```
  6 3 1
+ 3 2 1
-------
  9 5 2
```

④
```
  5 4 3
+ 5 4 2
-------
 1 0 8 5
```

주차 7

538 과녁 큰 차

● 과녁에 6개의 화살을 쏘았습니다. 계산 결과에 맞게 □ 안에 과녁에 꽂힌 수를 써넣으시오.

```
  7 3 2
- 4 3 3
  2 9 9
```

①
```
  7 1 5      6 2 5
- 2 6 4    - 1 7 4
  4 5 1      4 5 1
```

③
```
  5 1 1
- 2 7 7
  2 3 4
```

⑤
```
  7 6 1
- 2 4 2
  5 1 9
```

②
```
  4 4 7
- 3 1 2
  1 3 5
```

④
```
  3 4 2
- 1 1 6
  2 2 6
```

● 계산 결과가 가장 큰 세 자리 수의 뺄셈식은 만들 수 있는 가장 큰 세 자리 수에서 만들 수 있는 가장 작은 세 자리 수를 빼서 만듭니다.

● 계산 결과가 가장 크도록 과녁에 꽂힌 수를 한 번씩 써넣고, 차를 구하시오.

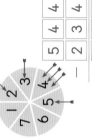

```
  6 6 5
- 2 2 3
  4 4 2
```

①
```
  7 5 4
- 1 2 2
  6 3 2
```

③
```
  7 5 5
- 1 1 2
  6 4 3
```

⑤
```
  6 6 4
- 2 3 3
  4 3 1
```

②
```
  5 4 4
- 2 3 4
  3 1 0
```

④
```
  7 6 3
- 1 2 3
  6 4 0
```

539 숫자 카드 합과 차

● 숫자 카드를 한 번씩 사용하여 만들 수 있는 가장 큰 수와 가장 작은 수의 합과 차를 구한 것입니다. 빈칸에 알맞은 수를 써넣으시오.

가장 큰 수는 큰 숫자부터 높은 자리에 써서 만듭니다.
가장 작은 수는 작은 숫자부터 높은 자리에 써서 만듭니다.
단, 0은 가장 높은 자리에 놓을 수 없습니다.

❶
가장 큰 수 : 754
가장 작은 수 : 457

$$754 + 457 = 1211$$
$$754 - 457 = 297$$

❷
가장 큰 수 : 531
가장 작은 수 : 135

$$531 + 135 = 666$$
$$531 - 135 = 396$$

❸
가장 큰 수 : 652
가장 작은 수 : 256

$$652 + 256 = 908$$
$$652 - 256 = 396$$

❹
가장 큰 수 : 863
가장 작은 수 : 368

$$863 + 368 = 1231$$
$$863 - 368 = 495$$

● 네 장의 숫자 카드 중 3장을 각각 한 번씩 사용하여 만들 수 있는 세 자리 중에서 가장 큰 수와 가장 작은 수의 합과 차를 구하시오.

❶
가장 큰 수를 만들 때에는 가장 작은 숫자 '0'을 사용하지 않고, 가장 작은 수를 만들 때에는 가장 큰 숫자 '8'을 사용하지 않습니다.
가장 큰 수 : 862, 가장 작은 수 : 206

$$862 + 206 = 1068$$
$$862 - 206 = 656$$

❷
가장 큰 수를 만들 때에는 가장 작은 숫자 '1'을 사용하지 않고, 가장 작은 수를 만들 때에는 가장 큰 숫자 '7'을 사용하지 않습니다.
가장 큰 수 : 743, 가장 작은 수 : 134

$$743 + 134 = 877$$
$$743 - 134 = 609$$

❸

$$952 + 205 = 1157$$
$$952 - 205 = 747$$

❹

$$874 + 347 = 1221$$
$$874 - 347 = 527$$

⑦ 주차

540 숫자 카드 목표수

● 식에 맞게 왼쪽 숫자 카드를 한 번씩 써넣으시오. 덧셈식은 같은 자리 숫자끼리, 바꾸어 식을 완성할 수 있습니다.

$$
\begin{array}{r}
1\ 4\ 3 \\
+\ 5\ 8\ 7 \\
\hline
7\ 3\ 0
\end{array}
\qquad
\begin{array}{r}
1\ 4\ 7 \\
+\ 3\ 5\ 8 \\
\hline
5\ 0\ 5
\end{array}
$$

$$
\begin{array}{r}
6\ 0\ 9 \\
-\ 3\ 2\ 8 \\
\hline
2\ 8\ 1
\end{array}
\qquad
\begin{array}{r}
9\ 6\ 8 \\
-\ 2\ 0\ 3 \\
\hline
7\ 6\ 5
\end{array}
$$

$$
\begin{array}{r}
9\ 1\ 2 \\
+\ 5\ 6\ 7 \\
\hline
1\ 4\ 7\ 9
\end{array}
\qquad
\begin{array}{r}
7\ 9\ 1 \\
-\ 5\ 2\ 6 \\
\hline
2\ 6\ 5
\end{array}
$$

$$
\begin{array}{r}
3\ 0\ 4 \\
+\ 1\ 7\ 8 \\
\hline
4\ 8\ 2
\end{array}
\qquad
\begin{array}{r}
7\ 3\ 1 \\
+\ 4\ 8\ 0 \\
\hline
1\ 2\ 1\ 1
\end{array}
$$

$$
\begin{array}{r}
3\ 7\ 0 \\
+\ 8\ 4\ 1 \\
\hline
1\ 2\ 1\ 1
\end{array}
$$

● 조건에 맞게 숫자 카드를 한 번씩 써넣고, 계산하시오. 덧셈식은 같은 자리 숫자끼리 바꾸어 식을 완성할 수 있습니다. 에서 덧셈과 계산 결과가 같으면 정답입니다.

월 일

①

조건 | 합이 가장 크게
$$
\begin{array}{r}
8\ 6\ 3 \\
+\ 7\ 4\ 1 \\
\hline
1\ 6\ 0\ 4
\end{array}
$$

조건 | 합이 가장 작게
$$
\begin{array}{r}
1\ 4\ 8 \\
+\ 3\ 6\ 7 \\
\hline
5\ 1\ 5
\end{array}
$$

조건 | 차가 가장 크게
$$
\begin{array}{r}
8\ 6\ 5 \\
-\ 1\ 0\ 3 \\
\hline
7\ 6\ 2
\end{array}
$$

조건 | 차가 가장 작게
$$
\begin{array}{r}
6\ 0\ 1 \\
-\ 5\ 8\ 3 \\
\hline
1\ 8
\end{array}
$$

②

조건 | 합이 가장 크게
$$
\begin{array}{r}
9\ 6\ 4 \\
+\ 7\ 5\ 2 \\
\hline
1\ 7\ 1\ 6
\end{array}
$$

조건 | 차가 가장 크게
$$
\begin{array}{r}
9\ 7\ 6 \\
-\ 2\ 4\ 5 \\
\hline
7\ 3\ 1
\end{array}
$$

잘 공부했는지 알아봅시다

월 일

1 숫자 카드를 한 번씩 사용하여 만들 수 있는 세 자리 수 중에서 가장 작은 수와 가장 큰 수의 합을 구하시오.

❶ | 3 | 0 | 5 | 8 | 1158

853+305=1158

❷ | 9 | 1 | 2 | 4 | 1066

942+124=1066

2 하나의 □ 안에 들어 있는 수의 합이 ● 단의 수와 같을 때 □ 안에 알맞은 수를 써넣으시오.

562

423   ① 139   ② 213   ③ 352   210

① 423 + 139 = 562
② 139 + 213 + 210 = 562
③ 210 + 352 = 562

3 숫자 카드를 한 번씩 사용하여 조건에 맞는 식을 만들고 계산하시오.

덧셈식에서 같은 자리 숫자끼리 바꾸어 식을 완성할 수 있습니다.

| 7 | 1 | 6 |
| 4 | 9 | 2 |

조건 차가 가장 크게

```
  9 7 6
- 1 2 4
  8 5 2
```

조건 합이 가장 크게

```
    9 6 1
  + 7 4 2
  1 7 0 3
```

P.76

7 주차

8 주차

541 문장제

● 문제에 맞게 식의 □ 안에 알맞은 수를 써넣으시오.

민호는 줄넘기를 147개 하였습니다. 정수는 민호보다 119개를 더 많이 했습니다. 정수는 줄넘기를 몇 개 하였습니까?

식: $147 + 119 = 266$ (개) 답: 266 개

① 불국사 석가탑의 높이는 1075cm, 첨성대의 높이는 917cm입니다. 석가탑은 첨성대보다 몇 cm 더 높습니까?

식: $1075 - 917 = 158$ (cm) 답: 158 cm

② 고려는 918년 태조 왕건에 의해 건국되었고, 474년 후 조선이 건국될 때까지 지속되었습니다. 조선이 건국된 해는 몇 년입니까?

식: $918 + 474 = 1392$ (년) 답: 1392 년

③ KTX 열차에 498명이 타고 있었습니다. 정류장에서 115명이 내리고, 286명이 탔습니다. 지금 열차에 타고 있는 사람은 모두 몇 명입니까?

식: $498 - 115 + 286 = 669$ (명) 답: 669 명

④ 용돈으로 485원을 받아서 125원으로 사탕을 사고, 잔돈을 닦아서 247원을 벌었습니다. 남은 돈은 얼마입니까?

식: $485 - 125 + 247 = 607$ (원) 답: 607 원

● 식과 답을 쓰시오.

정호는 줄넘기를 247개 하였고, 소정이는 정호보다 109개 더 적게 하였습니다. 소정이는 줄넘기를 몇 개 하였습니까?

식: $247 - 109 = 138$ (개) 답: 138 개

① 어느 라디오 프로그램이 오늘 486회째 방송을 합니다. 이 프로그램이 매일 하는 방송이라고 할 때 일년 후에는 몇 회째 방송을 하게 됩니까? 단, 일년은 365일입니다.

식: $486 + 365 = 851$ (회) 답: 851 회

② 대한민국의 명산으로 꼽히는 지리산의 높이는 1915m, 북한산의 높이는 837m입니다. 지리산은 북한산보다 몇 m 더 높습니까?

식: $1915 - 837 = 1078$ (m) 답: 1078 m

③ KTX 열차에 758명이 타고 있었습니다. 첫 번째 정류장에서 175명이 내리고 48명이 탔습니다. 지금 열차에 타고 있는 사람은 모두 몇 명입니까?

식: $758 - 175 + 48 = 631$ (명) 답: 631 명

④ 알뜰 시장에서 봉사활동을 하여 376원을 벌었고, 지우개를 하나 사서 269원을 썼습니다. 처음 가지고 있던 돈이 485원이라면 남은 돈은 얼마입니까?

식: $485 + 376 - 269 = 592$ (원) 답: 592 원

542 표 문장제

● 2, 3학년 학생 중 안경을 쓴 학생을 조사하여 만든 표입니다. 표를 보고, 물음에 알맞은 식과 답을 쓰시오.

⟨안경을 쓴 학생 수⟩
	남학생	여학생
2학년	154	198
3학년	178	183

안경을 쓴 남학생은 몇 명입니까?
식 : 154+178=332(명) 답 : 332 명

① 안경을 쓴 여학생은 몇 명입니까?
식 : 198+183=381(명) 답 : 381 명

② 안경을 쓴 3학년 학생은 몇 명입니까?
식 : 178+183=361(명) 답 : 361 명

③ 2학년 학생 중에서 안경을 쓴 여학생은 안경을 쓴 남학생보다 몇 명 더 많습니까?
식 : 198-154=44(명) 답 : 44 명

④ 안경을 쓴 여학생은 안경을 쓴 남학생보다 몇 명 더 많습니까?
식 : 381-332=49(명) 답 : 49 명

● 2, 3, 4학년 학생이 청군과 백군으로 나누어 경기를 하였습니다. 표를 보고, 물음에 알맞은 식과 답을 쓰시오.

⟨청군, 백군 학생 수⟩
	청군	백군
2학년	215	264
3학년	284	218
4학년	239	247

2학년 학생 수는 몇 명입니까?
식 : 215+264=479(명) 답 : 479 명

① 3학년 학생 수는 몇 명입니까?
식 : 284+218=502(명) 답 : 502 명

② 3학년 학생은 2학년 학생보다 몇 명 더 많습니까?
식 : 502-479=23(명) 답 : 23 명

③ 2, 3, 4학년 학생 중 청군과 백군은 각각 모두 몇 명입니까?
식 : (청군)215+284+239=738(명) 답 : (청군) 738
(백군)264+218+247=729(명) (백군) 729

④ 청군과 백군 중 어느 쪽이 몇 명 더 많습니까?
식 : 738-729=9(명) 답 : 청 군, 9

8주차

543 그림 지도

● 그림 지도를 보고 물음에 답하시오.

학교에서 누구네 집이 몇 m 더 멉니까?

승이 네, 159 m

457−298=159(m)

① 집에서 도서관을 들러 학교까지 가려고 합니다. 몇 m를 가야 합니까?

521 m

② 집에서 놀이터를 거쳐 도서관까지의 거리가 561 m입니다. 집에서 놀이터까지의 거리가 237m일 때, 놀이터에서 도서관까지의 거리는 몇 m입니까?

324 m

③ 학교에서 집까지 가는 가장 빠른 길의 거리는 몇 m입니까?

458 m

월   일

● 어느 마을의 그림 지도입니다. 물음에 답하시오.

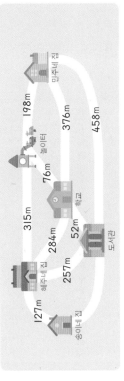

해주네 집에서 출발하여 학교에 들렀다가 민주네 집으로 가려면 몇 m를 가야 합니까? 단, 다른 곳에는 들르지 않습니다.

식: 284+376=660(m) 답: 660 m

① 민주네 집에서 도서관을 거쳐 승이네 집까지의 거리가 613m입니다. 도서관에서 승이네 집까지의 거리는 몇 m입니까?

식: 613−458=155(m)

답: 155 m

② 해주네 집에서 출발하여 도서관과 학교를 거쳐 민주네 집에 가려고 합니다. 모두 몇 m를 가야 합니까?

식: 257+52+376=685(m)

답: 685 m

544 바르게 계산하기

● 어떤 수를 □를 사용한 식으로 나타내고 구하시오.

어떤 수에 286을 더하였더니 756이 되었습니다. 어떤 수는 얼마입니까?

식 : $\square + 286 = 756$

어떤 수 : 470

❶ 어떤 수에 305를 더하였더니 754가 되었습니다. 어떤 수는 얼마입니까?

식 : $\square + 305 = 754$

어떤 수 : 449

❷ 892에서 어떤 수를 뺐더니 453이 되었습니다. 어떤 수는 얼마입니까?

식 : $892 - \square = 453$

어떤 수 : 439

❸ 어떤 수에서 191을 뺐면 285입니다. 어떤 수는 얼마입니까?

식 : $\square - 191 = 285$

어떤 수 : 476

❹ 761과 어떤 수의 합은 980입니다. 어떤 수는 얼마입니까?

식 : $761 + \square = 980$

어떤 수 : 219

❺ 어떤 수와 125의 차는 451입니다. 어떤 수는 얼마입니까?

식 : $\square - 125 = 451$

어떤 수 : 576

● 바르게 계산하고, 잘못 계산된 결과와의 차가 얼마인지 구하시오.

◆ 어떤 수에서 268을 빼야 하
는데 잘못하여 268을 더했더
니 702가 나왔습니다.

식 : $\square + 268 = 702$

어떤 수 : 434

바른 계산 : $434 - 268 = 166$

차 : $702 - 166 = 536$

❶ 어떤 수에 156을 더해야 하
는데 잘못하여 156을 뺐더니
243이 나왔습니다.

식 : $\square - 156 = 243$

어떤 수 : 399

바른 계산 : $399 + 156 = 555$

차 : $555 - 243 = 312$

❷ 어떤 수에서 312를 빼야 하
는데 잘못하여 312를 더했더
니 648이 되었습니다.

식 : $\square + 312 = 648$

어떤 수 : 336

바른 계산 : $336 - 312 = 24$

차 : $648 - 24 = 624$

8 주차

P. 86

잘 공부했는지 알아봅시다

1 과수원에서 이틀 동안 딴 사과의 개수를 바르게 고치시오.

지우네 과수원에서 어제는 사과를 326개 따고, 오늘은 168개를 따서, 이틀 동안 800개를 땄습니다.
494

326+168=494

2 376에서 어떤 수를 빼야 하는데 잘못하여 더했더니 723이 되었습니다. 바르게 계산하시오. 29

376+□=723
□=723−376=347
376−347=29

3 다음 표는 슈퍼마켓에서 어제와 오늘 판 빵과 우유의 개수입니다. 이틀 동안 판 빵과 우유 중 어느 것이 몇 개 더 팔렸습니까? 빵이 43개 더 팔렸습니다.

	어제	오늘
빵(개)	293	376
우유(개)	321	305

빵 293+376=669(개)
우유 321+305=626(개)
669−626=43(개)

4 다음을 읽고 ▢ 안의 수를 빈칸에 알맞게 써넣으시오.

강당에 676 명의 학생이 있었습니다. 강당에서 234 명의 학생이 나가고, 다시 437 명이 들어와서 처음보다 많은 879 명이 되었습니다.

676−234+437=879(명)

676	879
234	437

수학 개념이 쉽고 빠르게 소화되는

월등한 개념 수학

월등한 개념 수학 모델
이유진

www.nebooks.co.kr ▾

배운 개념을 끊임없이 되짚어주니까
새로운 개념도 쉽게 이해됩니다

수학 개념이 쉽고 빠르게 소화되는 특별한 학습법

· 배운 개념과 배울 개념을 연결하여 소화가 쉬워지는 학습
· 문제의 핵심 용어를 짚어주어 소화가 빨라지는 학습
· 개념북에서 익히고 워크북에서 1:1로 확인하여 완벽하게 소화하는 학습

NE 능률